Parábolas para el Alma

PARÁBOLAS
PARA EL ALMA

Editado por
© **PROSPERAR S.C.A.**
Calle 39 No. 28-20
Teléfonos 368 18 61 - 368 49 38 - 368 49 32
e-mail: centauro.prosperar@ibm.net
Santa Fe de Bogotá, Colombia

2a. Edición: Junio 10 de 2000
ISBN: 958-96144-8-5

Coordinación	Henry Monroy
	Maribel Arias García
Diseño y Corrección	Alberto Posso Gómez

Impreso en Colombia por Panamericana Formas e Impresos S.A.
Made in Colombia

Prólogo

"Hasta no ver, no creer", dice el dicho, y por más que presumimos de ser hombres de fe, cuando se trata de hechos que se salen de lo puramente normal tendemos a ser escépticos. Así era como me sucedía cada vez que me hablaban o leía acerca de personas que podían canalizar a través de su voz o de su escritura, mensajes de seres espirituales que viven en otras dimensiones, buscando mantener contacto con habitantes de la tierra para transmitirles su conocimiento.

Un día recibí una invitación para que fuera a la ciudad de Cali y conociera a dos hermanas: Yadira y Claudia Posso Gómez, quienes entre las dos lograrían contactar a un Ser de Luz que se manifestaría a través de Claudia, utilizando su cuerpo y su voz. El espíritu que se haría presente con sus mensajes de amor, expresados en bellísimas parábolas, pertenecía, según ellas, al Maestro Jesús, el Alma más perfecta que se comunica a través de canales mediadores en servicio, para hacer luz y claridad a la humanidad. En la Biblia encontramos muchos pasajes en los que aparece Dios hablando directamente con los hombres, como en el caso de Moisés, Abraham y Job.

Ya en la casa de Yadira y Claudia, me llevaron a la sala y allí estaban unas 20 personas entre familiares y amistades, muchas de ellas con grabadora en la mano. Todos observábamos a Claudia, quien se encontraba sentada en estado de meditación.

Yadira, quien es médica pediatra pero ahora se ha dedicado a la sicoterapia de tipo espiritual, se le acercó y comenzó a hacerle una expansión de la conciencia por medio de la relajación. Entonces, comenzó a hablar con una voz que no era la que había escuchado cuando me la presentaron, ni la que oí en la conversación que tuvimos horas antes, cuando almorzamos.

Era una voz muy particular, difícil de olvidar. Pero lo que más me impresionó fue que habló durante más de 45 minutos sin parar, sin titubear, sin pausas, con una entonación declamatoria muy refinada. Lo que decía estaba lleno de poesía y de bellísimas imágenes. Eran historias llenas de simbolismos, que cualquier persona al analizarlas puede aplicarlas a su vida y a situaciones cotidianas. Eran historias para que entendiéramos cómo debe ser nuestro proceder, nuestra actitud, nuestra relación con nosotros mismos, con los demás, y en especial con Dios. En esas parábolas se encuentra la esencia de lo que debemos ser para tener una vida de paz, de amor, de abundancia, de *felicidad. En una palabra, de prosperidad.*

Jesucristo siempre se expresó a través de parábolas. Tal vez no hay mejor manera de utilizar el lenguaje para expresar una idea, un concepto, un principio. La parábola es la asociación de imágenes que produce un significado que traspasa el razonamiento intelectual para producir una emoción y llegar directamente al corazón, al alma. De ahí su efectividad. Jesucristo habló en parábolas que en su época, hace 2.000 años, tenían que ver con las situaciones que la gente vivía en esos momentos. En el fondo, las parábolas del Maestro que se expresa a través de Claudia Posso siguen siendo las mismas de Jesucristo, pero en un lenguaje más moderno, más consecuente con las situaciones que vive la humanidad en la actualidad.

Una vez que la voz de Claudia calló, Yadira se encargó de decirle las palabras necesarias para traerla de nuevo a la conciencia presente. Claudia fue despertando lentamente, como si le costara trabajo aceptar la realidad que la rodeaba. No recordaba nada. Las grabadoras retrocedieron la cinta y casi al tiempo, volvimos a escuchar no una sino muchas Claudias repitiendo lo mismo. Al final se escogió la grabación más nítida y todos los presentes volvimos a prestarle atención, incluyendo Claudia, que con sus gestos nos daba a entender que desconocía el mensaje que acababa de transmitir.

"Hasta no ver, no creer". Lo había visto y ahora sí creía que las personas pueden canalizar mensajes de otras dimensiones. Curiosamente, hemos comenzado a recibir

desde hace un tiempo, toda una serie de manuscritos enviados por personas que dicen que los escribieron porque un Maestro de Luz se comunicó con ellos. Nos han llegado, no sólo de América, en inglés, español y portugués, sino de Europa y Australia. Todos ellos con mensajes muy especiales, que poco a poco iremos publicando.

Me pregunto qué se necesita para que una persona sea elegida como canal mediador de un Maestro de Luz. A juzgar por Claudia Posso, no tienen que ser personas fuera de lo normal. Observándola a ella, pude constatar que su forma de vivir no se diferencia en nada del promedio de los demás. Es una profesional del derecho que junto a su esposo y otros familiares ha creado la Fundación Sentir La Vida, para que a través de ella se pueda difundir el mensaje que canaliza, y ayudar a la gente que necesita de consejo o de dirección. Los seminarios que dicta, llamados "Sentir la vida", logran cambios extraordinarios en las personas que los toman, pues es una estupenda conferencista y maneja de forma excelente la sicología humana. Yo diría que poder servir de "medio" para tan particular mensaje es una cualidad, una misión, un talento con el que se nace, como sucede con los grandes artistas de la música, la pintura o la literatura.

Después de haber tenido la experiencia de ver a Claudia Posso sirviendo de canal a un Maestro espiritual tan grande, me queda la inquietud de si todas esas obras extraordinarias que conocemos no fueron canalizadas a través de personas a quienes hoy se les venera, como son *los grandes genios de la música y otras artes. Un Mozart o un Beethoven; un Miguel Angel o un Leonardo Da Vinci; un Shakespeare o un Cervantes; un Khalil Gibran o un Rabindragath Tagore, no serán más bien canalizadores del conocimiento de los Maestros de Luz que viven en otras dimensiones invisibles para nosotros, pero reales ya que se pueden manifestar a través de las personas que les sirven de canal.*

Es nuestra intención que los amables lectores no sólo lean las bellísimas parábolas que encontrarán en este libro, sino que descubran el mensaje y lo apliquen a sus vidas, al pie de la letra.

GUSTAVO NIETO ROA
EDITOR

Introducción

Este libro contiene maravillosas enseñanzas en forma de parábolas. Son pequeñas historias, en las cuales identificamos fácilmente todos esos problemas que nos aquejan y que entorpecen nuestra relación con nosotros mismos y con los demás. Tesoros invaluables, formas precisas y concretas que encierran la sabiduría en su máxima expresión. Sólo el amor más puro y perfecto podría generar estas preciosas historias para llevar la luz a nuestras vidas.

¿De dónde proceden estas enseñanzas? Podría decir que me he dedicado a recolectarlas de libros o de otros escritos. Podría decir que han surgido de mi imaginación. Podría decir que uní relatos diversos. Sin embargo me he propuesto, al escribir este primero de varios libros que he iniciado, contar la fascinante historia de su procedencia.

Siempre me acompañó una búsqueda espiritual muy profunda. Siempre busqué con ansiedad las respuestas precisas a todos mis interrogantes. Muchas veces me pregunté por qué ese silencio abrumador de mi Ser superior.

Educada desde muy pequeña en un colegio de

monjas, se me enseñó desde muy temprano sobre el pecado y el infierno, y sobre la vida de sacrificio necesaria para alcanzar el Reino de los Cielos.

Este temor inculcado en mis más tiernos años perduraría la mayor parte de mi vida y explica el comportamiento rígido de mis años adolescentes y aún de mi temprana madurez, lo cual llegó a quitarme espontaneidad y alegría y llenó gran parte de mi vida, por no decir casi toda, de normas que limitaron mis relaciones con los demás y explican mi tendencia a la soledad, soledad que me llevaría a refugiarme en los libros y en el estudio, convirtiéndome muy pronto en una estudiante brillante.

Mi dedicación e inteligencia me dieron muchos triunfos y fui admirada y respetada por mis profesores y compañeros. Terminé mis estudios secundarios con honores, y escogí la profesión que en ese momento representaba para mí el mayor reto: la medicina. Me adentré fácilmente en el difícil mundo del cuerpo humano y de sus enfermedades físicas y emocionales.

Posteriormente me especialicé en pediatría. Esta profesión me absorbió por completo, hasta tal punto que me olvidé de mis inquietudes espirituales, sin preguntas ni preocupaciones al respecto.

La muerte no había tocado mi núcleo familiar, a no ser por algunas pérdidas familiares muy sentidas, pero al fin y al cabo, aparentemente lejanas. Nunca me cuestioné en forma seria sobre lo que podría ocurrir después de la muerte, ni sobre la real finalidad de este ir y venir por la vida persiguiendo metas materiales que en su momento lucían tan importantes. Nunca... hasta ese día inesperadamente doloroso en mi vida.

Era un domingo como cualquier otro, un día para quedarse en cama más tiempo, tras el agotamiento de una atareada semana de trabajo, que como siempre, parecía terminar muy rápido, porque el tiempo se hacía insuficiente para responder a tantos y tantos compromisos adquiridos.

Entonces ocurrió...

Nunca imaginé que el timbre del teléfono no sólo me despertaría físicamente esa mañana, sino que representaría el despertar de mi alma, un alma encerrada en un cuerpo rodeado de tantas ocupaciones, que se había olvidado de su existencia.

La llamada presurosa y angustiada de mi hermana Fabiola, contándome que mi hermano Mario había enfermado súbitamente, era el comienzo de un cambio dramático en mi vida y en mi ser. En pocas horas, ante mis ojos angustiados, vi derrumbarse el cuerpo de ese hombre maravilloso a quien tanto amaba y admiraba. En pocas horas mi hermano abandonó esta vida, sin despedidas, sin aviso previo, víctima de una hemorragia cerebral severa.

De pronto, me vi ante el cuerpo de Mario, sola,

mirándolo en silencio, con tantas preguntas, con tanto dolor, sin comprender.

Todo... todo se detenía, todo parecía perdido, todo parecía inútil, absurdo. Tanto estudio y tantos conocimientos adquiridos por él, con tanto afán, en tan pocos años que vivió en esta tierra... ¡parecían inútiles!

Las palabras de consuelo de los más allegados sonaban huecas y lejanas. Después de su partida parecía abrirse ante mí un mundo desconocido, misterioso, inmenso... y yo no sabía cómo penetrar en él.

Era ese mundo que hasta ahora no había querido mirar. ¿Qué hay más allá de la muerte?

Inicié entonces la búsqueda más impresionante y persistente que jamás había tenido, una búsqueda angustiosa, ansiosa e inquietante. Ya no había tiempo para otras cosas, todos mis espacios libres desembocaban inevitablemente en lo mismo.

Me vi a mí misma visitando librerías, hablando con conocedores, leyendo y leyendo páginas y páginas de autores que escribían sobre el apasionante tema de la vida después de la muerte. Quería estar segura, un libro no era suficiente, sólo abría la puerta a nuevos interrogantes. Lentamente... me dejé llevar por ese río de explicaciones.

Entonces un día impreciso tuve la certeza: *No morimos cuando muere el cuerpo físico.*

Contestada al fin para mí en forma satisfactoria esta primera pregunta, vino entonces el siguiente interrogante, inevitable: ¿Sólo venimos a la tierra una vez? ¿Era acaso posible que Dios, en su infinita bondad, sólo nos diera una oportunidad para hacernos merecedores de permanecer a su lado? ¿Qué Padre podría ser aquel que prefiere a algunos de sus hijos premiándolos con bienes y felicidad mientras a otros sólo les deja la infelicidad, la desdicha, la pobreza?

No parecía ser esto ni lógico ni perfecto como tendría que ser Él. Por otro lado, la explicación de que si creíamos en Él seríamos perdonados y merecedores, tampoco satisfacía mis dudas. ¿Y los que nunca tenían oportunidad de conocerlo? ¿Qué sucedía con ellos?

Poco a poco llegué al tema ineludible de la reencarnación. Leí muchos libros, a veces parecía convencerme, a veces no, todo era tan confuso, había tantas dudas...

Para mi formación científica era aún más difícil, me olvidaba entonces de que las cosas más importantes no necesitan comprobarse. De todos modos, entré al fascinante y cuestionado mundo de la regresión a vidas pasadas. Me maravillé con Brian Weiss, Raymond Moody, Roger Woolger, Fabio Zerpa, entre otros, y envidié sus técnicas y sus conocimientos. Compré también libros de autohipnosis e hipnosis y adquirí conocimientos y técnicas.

Entonces... en ese momento llegó Claudia, mi hermana menor. Siempre tuve con ella una relación muy especial y sabía que desde hacía varios años se encontraba estudiando temas relacionados con el despertar de conciencias y con su crecimiento personal. Sus continuos estudios y dedicación y su propia búsqueda despertaron muchas veces una sonrisa escéptica en el resto de la familia, incluyéndome a mí. Sin embargo, últimamente me atraía también lo que leía y me había acercado a ella en busca de los mismos libros que antes había menospreciado. Claudia sabía de mis estudios teóricos sobre vidas pasadas y los había seguido con interés, ahora me buscaba afanosa, pues quería que le hiciera una regresión.

Tenía una experiencia previa que le había mostrado fragmentos de una vida pasada en Francia, en donde era asesinada por la espalda por su propio esposo. En esa oportunidad, Claudia no pudo reconocer a ese hombre. Ahora, no sabía por qué, intuía que en esa vida podría estar la explicación de algunos de sus problemas actuales.

Inicialmente me mostré temerosa, y le expliqué que aunque conocía las técnicas aún no había realizado ninguna hipnosis y mucho menos regresiones.

Me contestó —muy segura—, que ella estaba convencida de que tendríamos éxito y que se sentía muy tranquila por cuanto mis conocimientos médicos le garantizaban que podría manejar cualquier situación que se presentara a nivel físico o emocional.

Empezaba la más emocionante experiencia jamás sospechada por nosotros. Desde ese momento nuestras vidas cambiarían por completo, ante nuestros ojos asombrados y temerosos se abría un camino desconocido que nos acercaría más que nunca.

Con mucho miedo, pero con mucha esperanza, escogimos aquella mañana de domingo en la casa de mis padres, un sitio acogedor y silencioso para hacer la primera regresión de Claudia. Me acompañaban mi hermana Fabiola y Magdalena, amiga común, que desde entonces se haría compañera inseparable de estas experiencias. En adelante reiríamos, lloraríamos y nos sorprenderíamos juntas.

Yo misma diseñé un guión de hipnosis en el cual mezclé lo que me pareció mejor de cada uno de los expertos. A los pocos minutos de iniciar la relajación, Claudia entró en un trance muy profundo. Habló sucesivamente de su vida francesa en Le Havre. Relató su vida en un campamento gitano en La Coruña, España. Vio después su vida como evangelizador y finalmente, pudo observarse en un estado intermedio, entre vidas, planificando su vida actual, con su Maestro guía.

Cada una de estas regresiones merece ser descrita en detalle. La riqueza y precisión de la vivencia conmueve hasta lo más profundo. En algunas ocasiones me sorprendí ante mi corazón apretujado y mis lágrimas desbordadas sin control.

En el libro que relata esta experiencia he organizado cada una de las vidas de Claudia, tal como se presentaron: como fragmentos de diferentes regresiones, que poco a poco fueron armando la historia completa de cada vida. Así fue como ocurrió, así fue como cada fragmento explicado fue dando paso a un aprendizaje gradual, organizado en forma perfecta. Las fechas, las ciudades y los sitios geográficos como ríos y montañas, coinciden exactamente con la realidad, así como coinciden las épocas, vestuario y lenguaje. En varias de las encarnaciones que ha logrado visualizar, Claudia habló fluidamente en idiomas y dialectos diferentes, idiomas que actualmente ni siquiera conoce.

Al momento de escribir este libro, he efectuado regresión a vidas pasadas, a muchas personas más. Un promedio de un 40% tuvo comunicación con su Maestro Interior, quien en cada caso aconsejó amorosamente o explicó la experiencia. En estos casos, las personas sólo repitieron lo que parecieron escuchar; los mensajes encerraron una profunda sabiduría, una sabiduría muy superior expresada con infinito amor y respeto del libre albedrío de cada uno.

Pero, en ninguno de los casos, he tenido la experiencia con el Maestro como puedo vivirla con Claudia: haciéndose garganta para nosotros con su propio tono, con una voz diferente, potente, amorosa, casi musical. La presencia del Maestro despierta siempre una sensibilidad tan grande, que las lágrimas brotan fácilmente sin que puedas detenerlas, es un llanto que te limpia el alma, que te saca de tu sitio y te pone en manos del Maestro.

Después, empiezas a sentirte renovado, los problemas cotidianos se hacen pequeños, y al tener conciencia de la verdad de tu presencia en este mundo, adquieres poco a poco un cambio notorio en el manejo de las situaciones.

No pretendo decir que en adelante serás un místico fanático. Al contrario, es posible que abandones muchas de tus absurdas ideas de pecado. Ahora verás todo como un valioso aprendizaje. Era claro para nosotros, que Claudia había sido escogida como un canal de comunicación para un Maestro de Luz.

Vendrían luego las inquietantes preguntas sobre el Maestro... ¿Quién es el Maestro? ¿De dónde provienen estos mensajes? ¿Cuál era el objetivo de cada una de las vidas de Claudia? ¿Cuál fue su aprendizaje?

Poco a poco iríamos aclarando todas estas

preguntas. Guardo celosamente cada una de las cintas que prueban esta experiencia. No hay palabras para describir la emoción que se apodera de quien escucha el mensaje, una indescriptible sensación de dicha, asombro, respeto, y a la vez, un poco de temor.

Ahora ves cada error como una oportunidad más para aprender. Ahora ves cada obstáculo y dificultad como una posibilidad de avanzar y crecer más espiritualmente. Ahora valoras el dolor en su real dimensión, como un purificador de tu vida y de tu espíritu. Ahora ves la vida más bella, todo tiene un objetivo, nada es por azar, todo es perfecto. Había encontrado mi verdad y para ella no requería de la ciencia. Se iniciaba entonces, una transformación interior que nos llevaría a la armonía con una conciencia superior.

En adelante, en diversas oportunidades, el Maestro se ha revelado para nosotros. Estas cortas historias nos han sido reveladas por Él. Su voz firme y amorosa, conmovedora, ha traído a nuestras vidas la más plena de las emociones y de las dichas.

¿Quién es el Maestro?

Muchas veces nos hicimos esta pregunta, pero al principio nuestro temor nos impedía formularla. Sin embargo, algo en mí reconocía en esa sabiduría, al Maestro Jesús. Cinco meses después de iniciar nuestra experiencia, le escuchamos decir:

He escuchado en sus actitudes, a veces niñas, a veces sabias, pero siempre bellas, que se preguntan... ¿Quién es el Maestro? ¿Cómo se llama el Maestro? ¿Quién ha de ser el Maestro? ¿Será o no será?

Cuando se estaba escogiendo a los apóstoles, se acercó uno que se llamaba Simón, y era tan fuerte, tan fuerte, tan fuerte, como una roca, tan fuerte como una piedra... entonces se llamó Simón Pedro... porque era tan fuerte como una piedra.

Permite sentir en cada uno y en cada uno de sus corazones, lo que mi mensaje y mi palabra les permite.

Siente si te transmite fortaleza de piedra, o siente si te transmite el infinito AMOR... y has de llamarme como quieras. Con lo que transmite mi mensaje, me regocijo de que me llames AMOR, y cada uno sabe quién es EL MAESTRO.

Yo soy la luz del mundo. Y he venido a iluminarlos para que nunca estén en tinieblas.

Yo soy la luz del mundo.

Quien golpea a mi puerta me encuentra y jamás estará en tinieblas.

Yo soy la luz del mundo.

Quien reciba mi mensaje, estará recibiendo y viviendo en mi Padre, que me envió y me envía siempre, con infinito amor para todos.

Yo soy la luz del mundo.

Mi corazón reconoció en esta afirmación al Maestro de Maestros, al Maestro Jesús, pero comprendí también que no se necesitaba que los demás lo reconocieran, pues lo único que importaba era el mensaje de amor, unión, paz y luz que se entregaba para nosotros.

Desde entonces siempre que me preguntan quién es el Maestro, yo contesto: Podrías colocarle cualquier nombre, su sabiduría no tiene límites, es igual para todos sin importar tu credo, ni tu país, ni tu raza. Podrías simplemente llamarle el Amor.

Yadira

Ahora sé quien soy...

A través de esta experiencia, he entendido que la vida es como un río: nace de la madre tierra como un milagro de la creación y va tomando su propio camino, siguiendo un perfecto rumbo.

Si se sale de su cauce, hay un poco de caos, pero la sabiduría innata la vuelve a su canal hasta que llegue a ese mar donde es imposible diferenciar una gota de agua de otra, pues todas se funden en una sola inmensidad.

Así ha sido mi vida: un conjunto de experiencias, muchas lindas, otras dolorosas o aparentemente erradas, pero todas ellas, pasos firmes que me llevaron al regalo de ser canal de este mensaje.

Ahora, plena y dichosa, sé quién soy: una humilde servidora de Dios Nuestro Señor, entregada al mundo en amor, aceptación y luz.

Ahora sé que todo el pasado ha sido perfecto.

Ahora, de la mano de mi ángel guardián en la tierra, al lado de mi esposo, mi alma paralela, guiada y acompañada por seres maravillosos, avanzo feliz hacia ese océano de eternidad donde todos seremos nuevamente uno, donde desembocaremos en los brazos de nuestro Padre Eterno, y volveremos entonces a estar en nuestro verdadero hogar.

Claudia

El Muchacho
que se perdió en el desierto

Un muchacho se perdió en un gran desierto. Caminaba y caminaba, en ese desierto... solo. Su padre habitaba un enorme castillo, y desde la torre del vigía podía observar a su hijo perdido en esa inmensidad. Entonces empezó a enviarle señales, pero el muchacho no las escuchaba.

En vista de que no servían los mensajes, el padre decidió enviar sus mensajeros en busca del muchacho. Fueron al desierto, e inmediatamente lo encontraron. Cuando él los vio, supo que lo buscaban de parte de su padre. Sin embargo, su soberbia fue más fuerte y empezó a pelear con ellos.

En medio de la pelea, vio un enorme lago de agua fresca. Entonces, creyó que los mensajeros iban sólo a robarle su agua. Y más aguerrido y furibundo, siguió peleando con los mensajeros.

Cuando los mensajeros vieron que no había más qué hacer con él, lo dejaron que se volcara sobre el lago. El muchacho, que sentía más sed por las peleas que por el agua fresca, se tiró sobre el lago, dándose cuenta que éste era sólo un espejismo. Al advertir que no había lago, su garganta ya había absorbido mucha arena y ésta lo lastimaba. Tragó tanta, que enfermó.

Entonces, miró a los mensajeros y vio que llevaban cantimploras llenas de agua. Les suplicó que le dieran a beber, pero ellos sólo mojaron sus labios. Porque no debe empezar a darse toda el agua, sino poco a poco.

Así, suavemente, volvieron a llevarlo al castillo. Y cada vez le daban un poco más de agua, hasta que el muchacho se fue reanimando. Llegó al castillo y su padre, regocijado, le recibió en absoluto amor, sanándole su dolor; y ya en su hogar, toda el agua fresca estuvo a su disposición. ◆

Los procesos están compuestos por mensajes en una instancia, por mensajeros más suaves o más fuertes según sea necesario. Lo que señala la necesidad es la rebeldía que a veces ponemos a los mensajes. La rebeldía y la soberbia a veces pelean con los mensajes de Dios, y se hace más difícil y más ardua la lucha. Eso a veces ocurre, a pesar del dolor. Las personas siguen peleando contra los mensajes de Dios, aunque les ocasione mucho dolor.

La Anciana
cargada de piedras

Una anciana caminaba agachada y doliente, cansada y enferma. Su cabeza dolía tanto que parecía estallar. Su espalda y sus piernas dolían tanto que parecían romperse. Sobre sus hombros había tanto dolor, que parecían aplastarse; y sus pasos eran lentos, sin vida y agonizantes. Caminando, ella se encontró con alguien que le dijo:

—Señora, ¿por qué no se quita esa inmensa roca que tiene sobre su cabeza?

Ella se miró y dijo:

—No sabía que tenía una roca sobre mi cabeza.

Y quitó la roca, pudiendo sentir alivio y caminar más aprisa. Sin embargo, su andar seguía siendo lento y pesado. De pronto encontró a alguien más que le dijo:

—Señora, ¿por qué no quita esa enorme viga que está cargando sobre los hombros?

Y ella se tocó y dijo:

—No me había dado cuenta que tenía una viga sobre los hombros.

Quitó la viga y pudo caminar más aprisa.

Sin embargo, la anciana seguía caminando lento. Hasta que encontró a alguien que le dijo:

--Señora, ¿por qué no quita esas inmensos bloques que usted está llevando en sus piernas?

Ella se miró las piernas y dijo:

—¡Gracias!... ignoraba yo, que estuviera llevando bloques en mis piernas.

Los quitó y corrió libre. Corrió y corrió, hasta que llegó a un verde campo. Y todo parecía oler y verse maravilloso. Y en ese hermoso campo encontró un bello lago. Y la anciana se agachó en el lago y miró su rostro reflejado en el agua pura. Y se vio como la mujer más joven y bella que jamás había visto. Porque nunca había sido una anciana y nunca había estado cansada, solamente que ella había elegido cargarse de cosas y sentirse, y volverse y verse anciana. ◆

Que mi amor te permita quitarte las rocas y las vigas y las tablas y las murallas.

Que mi amor permita empujarte para que corras, y te contemples en el lago y te aprecies y te ames. Has de desprenderte de las rocas, como has de desprenderte de la enfermedad de la añoranza. Lo que es el pasado ya pasó, y hay un presente maravilloso en tus manos.

El Hombre
que quería ser rey

En algún lugar un hombre ansiaba ser rey. Todos sus sueños, ilusiones y anhelos eran ser rey. Este hombre oraba mucho, pero lo único que pedía, era ser rey. No pedía amor, ni humildad, ni sacrificio, ni servicio, ni sencillez. Este hombre... ¡pedía ser rey!

De tanto escucharlo, el Creador le dijo:

—Hijo mío, vas a ser rey: has de buscar por todo el valle, un lugar que está debajo de la tierra, donde se sepultan las riquezas, donde están los cuatro secretos y cuatro tesoros que necesitas para ser rey.

El hombre corrió por todo el valle. Sangraba de sus rodillas, pies y manos, cavando la tierra, abriendo huecos y buscando lo que necesitaba para ser rey. Las cuatro cosas y secretos que necesitaba para ser rey, pues todo en su vida era el anhelo de ser rey.

Después de tanto sangrar, encontró un hueco con una corona, un cetro, un traje y unas zapatillas del color del oro. Y feliz, dijo:

—He aquí las cuatro cosas que necesitaba para ser rey: la corona, el cetro, las zapatillas y el traje son las cuatro cosas... ¡ya soy rey!

Sin importar lo que sangraba, este hombre se vistió con el traje color del oro, puso en sus pies ensangrentados las zapatillas color del oro, sobre su cabeza doliente la corona, y tomó entre sus manos el cetro. Caminó hacia el pueblo, reunió a la gente y se presentó como rey. Y lo aceptaron como rey. Empezó a gobernar, pero tenía... ¡tanto temor de perder esas cuatro cosas que se le habían dado para ser rey!, que no permitía que nadie se acercara ni lo tocara.

Este hombre eligió vivir en soledad... se alejó y repelía a los niños y a los ancianos, a las viudas y a los hombres. Porque temía que le robasen una de sus cuatro cosas, aquellas que creía necesitar para ser rey. Siguió gobernando en el más absoluto vacío y en la mayor soberbia. Cada vez que algún niño se acercaba para contemplar al rey, el hombre lo rechazaba, y echaba de su lado. Cada que algún hombre se acercaba, para que su rey le contestara alguna de las preguntas, este hombre iracundo lo echaba sin darle respuestas.

Se alejó también de su bella esposa, porque temía que también ella le robara una de las cuatro cosas que se le habían dado para ser rey. No dormía, no tenía paz, ni sosiego, cuidando las cuatro cosas que necesitaba para ser rey.

Un día enfermó... enfermó por falta de sueño y de paz, pero sobre todo enfermó por falta de la cercanía de los demás. Quedó sobre su lecho dormido en un sueño de padecimiento y dolor.

Cuando este hombre fue sanado y se despertó de su sueño, se dio cuenta que le habían robado esas cuatro cosas; porque ya no estaban ni su cetro, ni su corona, ni su traje, ni sus zapatillas. Iracundo y soberbio gritó contra Dios:

—¿Por qué me has robado lo que es mío? ¿Acaso Tú necesitabas mi corona, mi cetro, mi traje y mis zapatillas, para ser Tú Rey? ¿Acaso vas a permitir que me roben mis cuatro cosas? ¿Acaso no me habías dado Tú a mí, esas cosas?

Rebelde, maldijo, y se envolvió en su propia soberbia, enfermando. Entonces, todos en el pueblo se retiraron y eligieron un nuevo rey.

El hombre dejó de ser rey, y siguió enfermando. Cuando vio que ya había perdido su reinado, se enfureció más y más. Pero su esposa se acercó, lo acarició con amor, y sus hijos también lo acariciaron.

A lo que él dijo:

—Si no he de ser rey, he de levantarme de esta cama y buscar pan para mi esposa y mis hijos.

Entonces se arrepintió de lo lejos que había estado del amor por su esposa y por sus hijos. Y mirando al cielo dijo:

—Creador, perdóname. Pues ha sido mi soberbia la que me ha llevado a rebelarme contra Ti.

Y se fue por el valle, caminando y caminando...

buscando pan y abrigo para su esposa e hijos. Encontró pan, frutas, peces y abrigo. Lo recogió todo, subió a su caballo y siguió caminando por todo el valle. De pronto, encontró unos mendigos tirados en el valle. Y quiso pasar de largo, pues pensó que lo que llevaba era para su esposa y sus hijos. Pero se arrepintió y decidió devolver su caballo para ayudarlos.

Bajó del caballo, partió pan, se aseguró de que quedara lo justo para su esposa e hijos, y les dio de comer a los mendigos, que estaban enfermos y yacían sobre el césped. Luego les dio de beber y ellos fueron aliviándose. Les puso abrigo y ellos fueron cogiendo calor. Y así pudieron comer peces, panes y frutas, beber agua y abrigarse...

Y cuando estuvieron sanos, porque este hombre les dio todo eso, se levantaron de donde yacían en el césped. Entonces, el hombre descubrió que debajo de ellos, debajo de la tierra donde estaban, se hallaban su corona, su cetro, sus zapatillas y su traje. Y ya no eran simplemente color del oro, sino que estaban hechos de oro puro.

Entonces, el hombre cogió las cuatro cosas, las levantó hacia los cielos y dijo:

—Dios mío, perdóname... algún día pensé que me habías quitado Tú mis cuatro cosas para ser rey. Pero ahora sé que jamás me has quitado nada, pues todo lo que has hecho, es dar y dar... dar para mí.

Mas bien, he sido yo quien no te ha dado nada. Permíteme ofrecer estas cuatro cosas para Ti.

Y este hombre puso la corona a uno de los mendigos, puso el traje a otro de ellos, las zapatillas al otro, y dijo:

—Me desapego y me desprendo de estas cosas, pues no las necesito para ser feliz.

Entonces, Dios le contestó:

—¿Quién te ha dicho a ti buen hombre, que esas eran las cuatro cosas? Esas cosas que tú llamas tus cuatro cosas eran sólo *una*, pues eran tu traje de rey. Las otras tres jamás las encontraste hasta ahora, porque las había escondido en un lugar donde nadie podría robártelas. Esas otras tres cosas eran en amor: *la humildad, la aceptación y el servicio*. Esas cosas con tu traje eran diferentes... pues tu traje hecho de corona y de cetro y de zapatillas, ese traje lo podían ver todos, lo podían tocar todos, y lo podían robar todos. Porque yo lo puse donde todos pudieran verlo, tocarlo y robarlo. Pero las otras tres cosas que necesitabas para ser rey las escondí en tu corazón, donde nadie podía robarlas. Y se necesitó mucho, para que llegaras a tu corazón y encontraras esas cosas. Y siéntete ahora más rey que nunca, porque ahora reinas el mismo reinado de DIOS.

Y este hombre cayó sobre el césped arrodillado y sonriente. Levantó sus brazos y su mirada al cielo y dijo:

—Dios mío... ¡siento en mi corazón esas tres cosas y desde mi corazón reinaré tu mismo reinado! ¡Y seré feliz!

Caminó por el pueblo, reinando el reinado de Dios. Cuando llegó a su casa y abrió la puerta, con su pedacito de pan, su poquito de peces, su poquito de abrigo y su poquito de agua, encontró que su esposa y sus hijos bebían y comían abundantemente, porque las riquezas habían llegado a su hogar, sin que él tuviera que buscarlas y reclamarlas. ◆

Quien quiera oír que oiga,
quien quiera ver, que vea.
Nada entrego sin infinito amor.

Las bendiciones han sido dadas para cada uno y ha sido suficiente mensaje para que cada paladar pase y deslice el mensaje. Pues hay paladares y gargantas distintas, y hay alimentos más sabrosos que otros.

Han de pasar este alimento, como el alimento más sabroso, pues este alimento jamás se va a tu estómago, sino a tu alma.

La Mujer
que no sabía lo que quería

En algún pueblo, una mujer sentía hambre. Se acercó a una casa y le dijo a un hombre:

—Tengo mucha hambre, pero no sé qué es lo que quiero comer. ¿Tienes algo para mí?

Este hombre buscó unas apetitosas uvas, las trajo y las puso para la mujer. Ella le dijo:

—¿Quién te ha dicho a ti que quiero comer uvas? Quítame estas asquientas uvas, porque no son uvas lo que quiero.

Cogió las uvas, las tiró y regó por el piso, y se fue enfurecida, porque no quería uvas. Siguió sintiendo hambre, pero no sabía qué quería comer.

Llegó a otra casa, donde una anciana y le dijo:

—Tengo tanta hambre, estoy débil por tanta hambre, ¿tienes algo para mí?

La anciana buscó unas apetitosas peras y las puso para ella. Esta mujer comió las peras, luego las vomitó y le dijo:

—¿Por qué tenías que darme estas peras? Mira

cómo ha recibido mi cuerpo estas horribles peras. No son peras lo que yo quiero.

Golpeó la puerta de la anciana y se fue furiosa. Llegó a otra casa donde una joven, y le dijo:

—¡Tengo tanta hambre! Un hombre me ha dado unas horribles uvas, y una anciana me ha dado unas terribles peras que mi organismo rechazó. ¿Tienes tú algo para mí?

La joven le ofreció unas hermosas manzanas, rojas y grandes. Ella las vio y dijo:

—Aparta esas horribles manzanas de mi vista, no quiero manzanas. ¡No quiero ni manzanas, ni uvas ni peras!

Y siguió recorriendo el pueblo, llorando y llorando su hambre. Después de un tiempo, cayó de rodillas y mirando al cielo, dijo:

—¿Dios mío, por qué me castigas? ¿Por qué no me mandas algo para calmar mi hambre? ¿Por qué no me has de mandar un delicioso manjar que pueda yo saborear y calmar mi hambre?

El Señor le contestó:

—Porque tú no has tenido el valor de buscar el manjar que quieres para tu hambre.

La mujer se levantó y dijo:

—Pero si te he dicho que lo que quiero comer es pescado y pan.

Dios le contestó:

—¿A quién le has dicho que quieres comer

pescado y pan? ¿Cómo pretendes tú encontrar pescado y pan donde sólo hay frutas y vegetales? Si quieres comer pescado y pan, ¡sé valiente! Busca el lugar donde puedas pescar y encontrar el pan. Porque no has de seguir renegando y sintiéndote infeliz, buscando y golpeando en las puertas, donde sabes que no encontrarás tu manjar. No has de seguir engañándote y esperando que Yo, tu Dios, te diga: «Mira mi bella hija, es que tú no quieres uvas, es que tú no quieres peras, es que tú no quieres manzanas... lo que tú quieres es pescado y pan». Tu Creador te ama lo suficiente, como para respetar el libre albedrío de que *tú busques* el manjar, que *tú quieres buscar* para tu hambre. Mientras no tengas el valor de decidir lo que quieres para tu hambre, muchos habrá que te sigan dando más uvas, peras y manzanas. Y nadie puede decir que no sean buenas las uvas, peras y manzanas... mas, tampoco nadie puede decir que tú no merezcas comer pescado y pan. Pero esa es sólo tu respuesta y tu búsqueda en tu libre albedrío. No has de ir mendigando y esperando a alguien que te diga que en algún lugar, existe pescado y pan y que tú puedes buscarlo. Has de decidir ¡con valentía!

La mujer se decidió, buscó, comió su manjar y calmó su hambre. Y entendió que siempre podía encontrar pescados y panes, solamente si buscaba donde hay pescados y panes, y no lo ponía al azar de los milagros en los que creen los hombres. ◆

El Hombre
que no dominaba la ira

Alguna vez un hombre tenía unos sembrados en sus tierras, pero hubo de irse y dejarlos. Tenía mucho temor de irse, porque estaban a punto de brotar los frutos. ¡Había tantas riquezas materiales en esos frutos, y los había cuidado tanto! Pero tenía que irse, entonces llamó a sus criados y les dijo:

—Por favor cuiden los sembrados, vigilen los frutos, cuídenlos bien, porque allí están mis riquezas.

Y se fue de viaje. Al tiempo volvió, llegó directamente al pueblo donde estaban sus tierras, pasó por unos mercados y vio que estaban los mercaderes comerciando y pensó: «Voy a recoger mis frutos, los traeré al mercado, los venderé y enriqueceré».

Se dirigió a sus tierras. Pero cuando entró, las encontró desoladas y arrasadas. No había frutos, hojas ni sembrados.

Buscó frenético e iracundo a los criados. Se golpeó contra cada cosa que encontró, lastimó su cuerpo y se regodeó en la ira. La rabia lo encegució y ensordeció.

Se acercaron dos de sus criados, pero su ira era tal que este hombre no escuchaba, ni veía, ni entendía nada. Ellos le hablaban, tratando de explicarle algo, pero este hombre sólo creía entender que sus criados le pedían perdón por haber perdido sus sembrados.

Entonces los golpeó con tanto enojo que hizo que sangraran, no solamente sus cuerpos, sino sus corazones. Sangraron, sangraron y sangraron con tanto dolor, el dolor de la soberbia y la ira que este hombre trasmitía en sus golpes. Fueron tantos los golpes, que los criados cayeron al suelo. Luego, el hombre se acercó y les dijo:

—Ahora sí explíquenme qué fue lo que ustedes hicieron con mis frutos.

Pero les había golpeado tanto con su ira, que ya no podían hablar, ni explicar.

El hombre salió iracundo, envidioso y enfurecido al mercado, parándose frente a él, dijo:

—Pero, ¿quién va a tener derecho a vender sus frutos si yo he perdido todo?

Entonces prendió fuego en todo el mercado, e incendió todos los frutos y los puestos de los mercaderes. ¡Todos los frutos se quemaron y se calcinaron con el fuego de su soberbia!

Rabioso y cansado por su ira, volvió a su tierra, y cayó al piso al lado de sus criados. Pasaron los días y este hombre aún lloraba en medio de su ira. Cuando los criados sanaron se acercaron y le curaron. Al sanar, él les preguntó:

—¿Qué fué lo que hicieron ustedes con mis tierras?

Y uno de los criados le respondió:

—Pero amo, si te lo gritamos y te lo explicamos tantas veces, Pero tú sólo nos golpeabas y no nos escuchabas. Amo, tantas veces quisimos decírtelo, pero tu ira solamente nos lastimaba, y tu ira te ensordecía y enceguecía.

El hombre los miró todavía iracundo, y les dijo:

—Pero, ¿qué fue lo que ustedes me dijeron que yo no haya escuchado?

Y el criado le contestó:

—Lo que te decíamos amo, era que ya habíamos recogido tus frutos y los estábamos vendiendo en el mercado, para que cuando volvieras, no tuvieras que recoger ni vender frutos, sino que encontraras todas tus riquezas ya recogidas. ¡Lo que tú quemaste con tu soberbia, amo, eran tus propios frutos, que habíamos recogido para tus riquezas! ◆

La ira esto es lo que logra... La ira esto es lo que hace...

Piensa bien cuáles frutos deseas recoger y obsérvalos bien, controlando y alejando tus rabias.

Cálmate... porque tu alma tiene suficiente amor, para que en tu vida reine siempre la calma.

No importa quién a tu lado se enoje... ¡contágialo con tu amor y tu calma! Porque en tu calma eres mucho más sabio de lo que necesitas ser, para guiar el libre albedrío de tu libro.

Y tus palabras y tus letras caerán perfectamente sobre los renglones y dentro de las márgenes.

Tú eres el dueño de ti mismo.

Tú eres quien gobierna tu cuerpo, tus emociones y tus reacciones.

Cada que enfureces, es como si arrojaras piedras en un camino que tú mismo estás recorriendo. ¿Cómo puedes arrojar piedras para luego tropezarte en ellas?

Quita las piedras de tu furia y de tu rabia y de tu poca paciencia y de tu poca aceptación. La calma y la paciencia son las formas más gentiles de amar.

En tu corazón eres dueño de ti mismo, y puedes definir tus reacciones y tus actitudes ¡sin tanta rabia y sin tanta agresividad!

La ira y la soberbia son como piedras en el camino. Los seres humanos son dueños de inteligencia *suprema, inteligencia necesaria como para no comportarse a veces, como si no fueran seres humanos y se entregaran con inteligencia y con libre albedrío a la ira, a la rabia, a las reacciones, a las peleas y a los disgustos... y permitieran que luego la rabia se extendiera a quienes a veces ni saben... por qué son los disgustos, las peleas y la rabia.*

Cada que entres a tu corazón encuentra esta paz, siéntela. Siente la calma, siéntete como si flotaras en una nube... Permite que a tus oídos llegue ruido de arrullos y cascadas. Permite que a tus oídos llegue el ruido del viento. Permite que tu piel sienta como si le acariciase la brisa... y siente en tu corazón, que eres divino ¡porque eres hijo de Dios!

Cálmate y manténte en este amor de tu corazón, no permitas que haya soberbia y que haya ira en tu andar.

La Mujer
que construyó un castillo con piedras

Una bella mujer fue creada por Dios. Para lograr el cuerpo que envolviera su alma, todo fue hecho a la perfección.

Su cabeza fue adornada con ojos tan perfectos que pudieron ver la luz del mundo. Se les entregó el maravilloso poder de que cuando alguien los mirara con odio, esos ojos bellos pudieran mirar con amor.

Le puso en su cara una hermosa boca, tan iluminada y perfecta, que podía ser garganta para el mensaje. Y se le premió con el bello milagro de poder devolver palabras de amor y perdón, cuando de otras bocas salía veneno y fuego.

Le puso en su cabeza unos oídos perfectos, para que hicieran como el pescador que tira su red al mar, luego la saca, devuelve al agua los desechos, las basuras, los troncos, las latas que pueden cortar, y sólo conserva el apetitoso pescado.

Y le concedió el Creador unos brazos tan perfectos, que terminaban en manos, y las manos tenían cada una, no menos ni más de cinco dedos. Esas manos eran tan perfectas, que podían devolver caricias, cuando otras manos sólo las golpeaban.

Le obsequió Él, unas piernas tan perfectas, con pies tan perfectos, no con menos ni más de cinco dedos cada uno, para que esas piernas pudieran correr y alejarse de los sitios infestados de necios, moverse, buscar la luz del mundo, acercarse a ella y expresar su amor por el Maestro.

Luego adornó ese cuerpo con un corazón tan perfecto que pudiera devolver amor y luz, cuando le tiraran odio y agravios.

Entonces la envió a un precioso valle de verdes campos, azules aguas, árboles, pájaros y flores. Pero para llegar a ese valle había un camino lleno de piedras. Sin embargo, ella avanzó sobre ellas y aunque sus pies sangraban y su cuerpo a veces se cansaba, logró llegar al valle.

Cuando estuvo en él, encontró un grupo de pobres de espíritu. Esta bella mujer se acercó, les consoló, les habló con amor infinito, les iluminó, sanó sus golpes, limpió sus heridas, les acompañó y envolvió con amor... llevando luz a los pobres de espíritu.

Avanzó un poco más, y encontró un grupo de hambrientos. La mujer buscó en los árboles sus frutos, y en las aguas los peces. Sacó los peces, bajó los frutos y les llevó alimento a los hambrientos. A veces veía que escaseaban los frutos o los peces... ¡y había tantos y tantos hambrientos!, pero cuando levantaba los ojos a los árboles, estaban llenos de frutos, y cuando bajaba sus ojos a las aguas, estaban llenas de peces. Así, logró dar de comer al hambriento.

Avanzó y encontró un grupo de sedientos. La bella mujer buscó la forma de llevarles agua, se cansaba y quería descansar un poco... mas, lo primero que encontraba en su mira, era dar agua al sediento. Y en sus propias manos, llevó el agua hasta las bocas de los sedientos.

Avanzó y encontró un grupo de orates, les habló con amor infinito y permitió llenar un poco sus mentes. Les acompañó y les hizo sentir el amor que remediara sus locuras.

Cuando vio que todos estaban restablecidos, que el hambriento había comido y el sediento bebido, el orate se había iluminado, y el pobre de espíritu había encontrado también alimento para el espíritu, miró al cielo y dijo:

—Maestro, llévame a otra parte a servir más. Aquí, todas estas personas ya están restablecidas.

Caminó hasta atravesar el puente. Estaba tan cansada que se sentó a descansar un poco, cuando vio que en el camino venía un hombre bueno, que quería acompañar su andar. Miró a sus ojos y reconoció el alma de este hombre, se sentaron en el valle y empezaron a hablar del servicio.

Cuando estaban sentados, empezaron a caerles unas enormes rocas desde el otro lado del puente. Lo que pasaba era que los hambrientos estaban ya restablecidos, había sido saciada su hambre y habían recuperado la fuerza para levantar rocas y golpear a la mujer. Mientras tiraban las rocas, se reían, se deleitaban al escuchar los duros quejidos de la mujer golpeada. Y... ¡cuánto se enorgullecían y se alegraban, porque también se quejaba el hombre!

De pronto se dieron cuenta que la mujer y el hombre estaban acompañados por otras buenas y nobles personas. Y vieron a la familia de sangre, y a la familia que habían tenido en otras encarnaciones, y a los amigos, y a todos los iluminados, y a todos los buenos que estaban acompañándola a ella y al hombre.

Entonces se disgustaron y fueron por más piedras, porque había más personas: necesitaban más piedras.

Y los sedientos que habían calmado ya su sed, se fueron en busca de piedras. Tiraron, tiraron y tiraron, para golpear a la mujer.

Y los pobres de espíritu también tiraron piedras.

Y los que habían sido orates y ya habían creído encontrar sabiduría también se restablecieron, se levantaron, tomaron rocas y tiraron. Pero ya no escuchaban tantos quejidos como antes, a veces unos fuertes gritos, pero espaciados y poco numerosos.

Entonces dijeron:

—¡Que alegría! Se está muriendo ya esa mujer. Su cuerpo debe estar sangrando y su corazón debe estar latiendo menos. Ojalá que se estén muriendo también quienes la acompañan, y que todos se estén muriendo, con las piedras que les hemos tirado.

Estaban cansados de tirar tantas rocas, sin embargo, siguieron y siguieron tirándolas, aunque veían que sus vidas estaban desbaratándose más. Se sentían cansados, enfermos y solos, sus cuerpos enflaquecidos, sus pelos enmarañados, sus ojos amarillentos. Pero tiraban más rocas, hasta que la mujer muriera de verdad.

De pronto no escucharon más quejidos... ni uno solo. Entonces se abrazaron y danzaron felices y bebieron mucho vino. Celebraron *la muerte* de los buenos. Emborracharon sus cuerpos en la ceremonia de celebración de la muerte y borrachos... cayeron sobre el pasto.

Cuando cayeron sobre el pasto, en el cielo hubo truenos, rayos y centellas, y empezó a caer una tempestad tan fuerte... tan fuerte... que nunca jamás ha sido vista. Ellos, aterrados por la tempestad, los rayos, los truenos y las centellas, se levantaron rápidamente, corrieron juntos y dijeron:

—Hemos de caminar rápido, hemos de irnos del valle hasta encontrar una guarida.

Atravesaron el puente y encontraron un enorme

y fuerte castillo de piedra. Se acercaron y golpearon en él. Golpearon mojados, enfermos y atemorizados... ¡llenos de pánico!

Y más fue el pánico, cuando se abrió la puerta y era la bella mujer, y pudieron ver que también estaba toda su bella compañía.

Se echaron atrás, aterrorizados, pero fueron tan cínicos que le dijeron:

—¿Cómo estás, bella mujer? Que bueno que te encontramos en el camino. Tú que eres tan buena, tan redentora y tan samaritana, nos has de abrigar en tu castillo.

Y la bella mujer, los miró con amor y les dijo:

—No, no han de entrar a este castillo nunca más. Han de irse, mojarse, sufrir y ojalá el sufrimiento les acerque a Dios. Lleven en sus manos y en sus corazones como abrigo, mi perdón y mi amor. Que mi perdón les envuelva y les proteja y les guíe a Dios. Que el sufrimiento les permita encontrar la belleza que hay debajo de ¡tanta basura! Tal vez la lluvia que está cayendo por sus cuerpos, haga que también el agua bendita, caiga en sus almas y las limpie.

Y prosiguió la bella mujer:

—Váyanse de mi castillo, porque no han de entrar en él, nunca más. Muchas veces abrí las puertas, y otras les abracé, pero nunca más será. Sin embargo, llévense mi perdón y mi amor, llévense también mi infinita gratitud, porque este castillo lo tengo gracias a ustedes.

Los hombres estupefactos y las mujeres aterrorizadas se miraron y preguntaron:

—¿Que tiene ese castillo gracias a nosotros? ¡Si todo lo que hemos hecho fue tirarle piedras para matarla!

Y uno de ellos, en su cinismo, dijo:

—Sí, yo he orado mucho al Dios de los cielos para que tú pudieras construir un castillito para ti, y pudieras abrigar en él, a todos los que has abrigado. He orado y orado... ¿acaso son mis oraciones las que agradeces?

La mujer le miró, y le respondió:

—No seas más hipócrita ni más necio, pues la necedad, la hipocresía y la maldad, te están separando de Dios. No ha habido oraciones en ti jamás. Pero cada una de las piedras que me tiraste y que me golpeó, la tomé para ir edificando con cada uno de quienes realmente me aman, este hermoso castillo. Obsérvalo bien y date cuenta que es un castillo de piedra fabricado con cada una de las rocas que tú me tiraste para matarme. Cada una de esas piedras la puse una sobre otra y edifiqué este hermoso castillo, del cual ahora te vas ¡para siempre! ◆

El Hombre
que sabía cuál era su verdadera riqueza

Alguna vez, un hombre vivía en una humilde casa. Este hombre empezó a meditar y a pedir la presencia del Maestro. Y, como aquel que toca la puerta del Maestro, hace que ésta se abra, el hombre recibió el mensaje. Y cuando recibía la enseñanza en su casa, empezaron a aparecer riquezas que brotaron de la tierra, como piedras preciosas y como oro.

Su casa empezó a embellecerse. Había tantas y tantas riquezas, que jamás se habían visto reunidas en una sola casa.

Un día llegaron unos pobres de espíritu y quisieron asaltar la casa. Entraron y el hombre les dijo:

—Buenos días, ¿en qué puedo yo servir a ustedes con amor?

Y los asaltantes dijeron:

—Queremos llevarnos tus riquezas... ¡ahora!

Entonces el hombre preguntó:

—¿Cuáles riquezas? ¿De qué riquezas hablan?

Los maleantes respondieron:

—Pues el oro, las piedras preciosas, y todo el dinero que hay aquí en tu casa.

Entonces el hombre les dijo:

—Está bien, si ustedes quieren, puedo ayudar a empacar esas riquezas que ven.

Y tomó bolsas y costales, metió el oro, las piedras preciosas, todas las riquezas, y las entregó a los maleantes. Los maleantes se fueron con sus sacos llenos.

Cuando ellos se fueron, de nuevo, igual que siempre, el hombre cerró sus ojos y volvió a llamar al Maestro, e igualmente se regocijó cuando el Maestro llegó.

Al cabo de unos días volvieron los maleantes y le dijeron:

—Buen hombre, venimos a cambiarte tus riquezas por algo más grande y más bello que todas las riquezas que nos hemos llevado.

Cuando el hombre les preguntó a qué se referían, ellos contestaron:

—Venimos a llevarnos la humilde forma como en absoluto desapego tú puedes desprenderte de las riquezas. Por favor, entréganos tu humildad y la tranquilidad con que te desprendes de las cosas. Si puedes entregarnos eso, para que haya paz en nuestras vidas, hemos de devolverte todas tus riquezas.

Y el hombre les contestó:

—Ya la sabiduría ha empezado a darse para ustedes. Mas, esa riqueza de que hablan, ese desapego humilde de las cosas que entregué, es sólo mío, pues está en mi corazón y cada uno de ustedes tiene el suyo en su corazón. Y han de recibir la sabiduría, cerrando los ojos y llamando al Maestro, para que en su corazón embellecido ahora... encuentren el tierno desapego de poder entregar lo que ustedes antes llamaban riquezas. ◆

El Hombre
que construyó un mundo de fantasía

Una vez, un hombre comenzó a construir su casa. Para construirla, quiso poner pisos de vidrio, paredes de todos los colores y ubicarla en medio de un valle, donde hubiera árboles llenos de frutas, y un inmenso lago lleno de peces.

El hombre contempló el valle perfecto, vio el lago precioso y perfecto, los árboles frutales preciosos y perfectos, y su casita de cristal preciosa y perfecta.

Salió a las calles, y a cada persona contaba que vivía en una casita de cristal, rodeada de árboles frutales preciosos y perfectos, y con un hermoso y perfecto lago.

Y contaba, contaba y contaba... Pero este hombre llevaba más y más ingredientes a su lugar de vivienda. Llevó maravillosos animales, pájaros y caballos, y todos los caballos los puso de diferentes colores... había caballos azules, caballos rosados, caballos rojos, caballos con alas. Y así fue haciendo más hermoso su lugar de vivienda.

Y este hombre quiso que el sol no saliera redondo sino que saliera en forma de estrella. Y salía y contaba que donde él vivía, el sol le iluminaba en forma de estrella, y que había caballos de diferentes colores, unos con alas, otros sin alas. Y que todo era perfecto en ese lugar.

Y contaba, contaba y contaba a todos, acerca del lugar donde vivía.

Algún día sintió mucha tristeza y hambre. Entonces salió a buscar en sus árboles frutales y quiso subir por las ramas y bajar los frutos. Empezó a subir y cuando lo estaba haciendo, de pronto cayó bruscamente y se golpeó, porque no eran reales los árboles... ¡jamás habían existido esos árboles!... ¡eran sólo fantasías creadas por él!

Entonces corrió hacia el lago para sumergirse y tirándose en él con infinita esperanza, se revolvió en la arena, pues el lago era uno de sus espejismos, ¡contemplados tantas veces!

Y quiso huir del lugar y buscar sus caballos de colores y elegir uno con alas... mas, no existían caballos... ¡eran sólo ilusiones en su mente niña!

Y corrió a volver a meterse en su casita de cristal... mas frente a sus ojos, la casa de cristal se volvió pedacitos... ¡pues nunca fue real! ◆

Mi infinito amor les expresa a todos y cada uno, que es riesgoso que sus mentes les traicionen con fantasías, pues la vida real está llena de oportunidades de aprendizaje.

Hay quienes buscan cómo meter en sus bellos cuerpos, sustancias que permitan soñar y crear fantasía. Pero es duro después, poner los pies sobre la tierra y darse cuenta de que nada de lo que creías que existía a tu alrededor, había existido.

Hay verdaderos valores y riquezas, y muchos son los frutos que se multiplicarán... mas, han de vivir su realidad sin fantasear, han de amar y respetar sus cuerpos, profundamente.

Amen y respeten sus cuerpos, vivan la realidad de sus vidas, pues nada de lo puesto en la vida ha sido puesto por accidente... ¡nada es casual! ¡Todo es perfecto! Y la inmensa capacidad de expansión y de brillo y de mensaje y de luz y de dicha y de gozo, es frenada cuando se construye antes de ella, una barrera llena de ladrillitos de fantasía y mentiras. A veces es tan fuerte la barrera, que cada ser humano cree sus propias mentiras, volviéndose así un hábito, vivir la fantasía. Y será duro después, cuando sean muchos más los años, descubrir, que se ha perdido tanto de vivir una bella y real vida, por permitir que la mente vuele tanto con fantasías.

El Pintor
y sus vendas

A un hombre se le obsequió un bello terreno, para que en él pintara el más precioso de los paisajes. A este hombre se le entregaron los más finos pinceles, y las mejores pinturas y acuarelas, para que él dibujara y pintara su paisaje de mil colores.

Con el propósito de inspirarse en amor y pintar su paisaje, eligió a una bella y buena mujer, más pura que el agua más pura, más brillante que la luz más brillante. Tomó las pinturas, dibujó nubes, soles y flores de todos los colores, árboles, pájaros, peces y lagos. Y dibujó en el vientre de su amada mujer, dos preciosos frutos que brotaron e iluminaron el paisaje.

En algún momento, salió en busca de más acuarelas y pinceles, pero no los encontraba en los lugares adonde iba. Y cuando llegaba, veía que su paisaje se deslucía, que faltaban colores, que el rojo no era tan rojo, ni el azul era tan azul, ni el amarillo tan amarillo, ni el violeta tan violeta.

Se marchaba a la calle en busca de más acuarelas

y pinceles para retocar su paisaje... mas, no encontraba en ningún lugar, acuarelas. Lo que hallaba en la calle y acompañaba su corazón, hacía que cuando este hombre entrara a su paisaje, el paisaje se desluciera más.

Su bella mujer sufría en soledad y se entristecía. Abnegada y paciente, esperaba que se enluciera nuevamente su paisaje.

Y sus frutos tomaron sus rumbos, sus caminos, y esta mujer en soledad, continuó esperando el enlucimiento de su paisaje.

Nuevamente el Padre permitió que sus frutos volviesen multiplicados a acompañarles, mientras el hombre seguía buscando en la calle, acuarelas y pinceles para que no perdiera color su paisaje... mas, no los encontraba.

Y el paisaje cada vez se fue volviendo más gris. Y lo gris del paisaje y lo triste del paisaje tocaba a sus frutos, que empezaron a entrar en discordia con sus vidas y sus entornos. Se peleaban, discutían, y el hombre estaba cada vez más enardecido por no encontrar acuarelas. Protestaba, alegaba y todo le parecía mal en el paisaje.

A veces la mujer, con calma, soportaba paciente, pero a veces su paciencia parecía agotarse y también entraba en discordia y se separaba de su corazón.

Entonces, esta mujer empezó a buscar a Dios, y buscó una y otra experiencia. Acudió a una y a otra parte, para salvar los colores de su paisaje. Pedía con empeño a Dios que su esposo encontrara en algún lugar, las acuarelas y los pinceles necesarios para retocar el paisaje.

Intentó muchas veces, mas, algún día, con la intermediación de sus ángeles guardianes, y de su Maestro, y del amor infinito que desde los cielos le cubría, y con la fortaleza de su bondad y de su belleza como madre y como esposa, encontró dentro de su familia de sangre, el canal perfecto y preciso para que llegara el mensaje.

Entonces, fue cuando luchó contra todos los obstáculos, e insistió con toda su fe, para que a su morada llegara el mensaje que le diera paz.

Y entonces, él y ella dijeron:

—¡Oh Maestro!, dinos por favor, dónde están las famosas y tan buscadas acuarelas, que no hemos encontrado desde hace tantos años. ¡Oh Maestro!, dinos dónde están los pinceles que necesitamos, para volver a pintar de mil colores este precioso paisaje que nos regalaste.

Y el Maestro, en infinito amor les respondió:

—No necesitan más acuarelas, ni más pinceles, porque el paisaje jamás ha perdido el bello colorido de siempre. ¿Qué es lo que pasa entonces para que ustedes no aprecien el colorido del paisaje? Lo que pasa mis bienamados, es que sobre sus ojos han puesto *cinco vendas*. Y esas vendas hacen que todo se vea opaco afuera.

Y prosiguió el Maestro:

—La primera de las vendas que han puesto, es la venda de la fantasía. No busques afuera lo que tienes como un precioso regalo en éste, tu paisaje. Despréndete de esa venda de fantasía, que mi amor jamás se vuelva juicio, que tu amor, mi bienamada, se desprenda ahora de los juicios, y simplemente acepte que se está quitando esa venda. No habrá más venda, ni habrá necesidad de recordar que algún día la hubo, pues al quitarla, empiezan a observarse mejor los colores.

La voz del Maestro continuó con amor infinito:

—La segunda de las vendas que han puesto es la ira... ese mal carácter rebelde, que a veces les lleva a la guerra, por cuál de los dos dice mejor, o habla mejor. ¡Que se calme la guerra y se calme la discordia! Que siempre que haya momentos para hablar, no se hable en discordia, ni en pelea, ni en discusión... sino desde su corazón. Siempre han de expresar lo que hayan de expresar con amor. Han de quitar la venda del mal carácter, porque la soberbia ha acompañado a uno y a otro, y les ha impedido ver el colorido de su hermoso paisaje. Que sus ojos con amor y paz empiecen a hablar más suave, el lenguaje que hablan los ojos, lenguaje que se hace garganta y cuando se hace garganta... sale con las palabras suaves, tiernas, precisas y perfectas, para comunicarse en amor.

Y se refirió a la siguiente:

—La tercera de las vendas que habían puesto sobre sus ojos es el distanciamiento, la separación y la falta de diálogo. Observo y me duelo de los tantos y tantos momentos de silencio, porque cuando sus almas se sientan separadas es cuando más necesitan que sus cuerpos dialoguen y se acerquen. Han de romper y vencer la barrera de la separación y la falta de diálogo y han de acercarse, porque sólo con el diálogo y la comunicación han de encontrar la forma para vencer sus problemas y obstáculos. Han de comunicarse como antes lo hacían, han de salir, contemplar la luna, caminar bajo la luna y las estrellas. Han de compartir juntos el sol, las flores y los campos, han de compartir juntos las bellas melodías. Tú has de cantar para ella, y ella ha de embelesarse con tu canto. Has de hablarle con tu corazón y tus ojos. Y tú has de responderle nuevamente con tus ojos, tus manos, tus caricias... ¡y con tu infinita aceptación!

El Maestro prosiguió:

—La cuarta de las vendas que han puesto es una separación más dolorosa aún y es la separación de Dios. No has de confundir lo que llaman religión y lo que llaman ritual, con estar cerca a Dios. Cuando las parejas preguntan al Maestro, qué hacer para sentir cerca a Dios, siempre el Maestro les responde: «Vayan y sirvan a su prójimo para que se sientan en la más profunda cercanía a Dios. Han de acercarse a Dios a través del servicio, a través de la unión de sus familias, a través del desalojo de la soberbia y el rencor, y de los sentimientos adversos de sus corazones. Precisamente, la quinta de las vendas que han puesto, es la del rencor y la del juicio. Han de quitarla, y perdonarse ahora. Cada uno tiene su cuota de perdón. Cada uno sabe lo que necesita perdonar y perdonarse, y en sus corazones han de decir aquellas cosas por las que desde este instante, se perdonan. Pues sus imperfecciones son necesariamente perfectas para el aprendizaje. No importan las acciones pasadas. Permitan que su corazón sea inundado con perdón y aceptación, y que vuelva a fortalecerse la unión de su bello hogar y matrimonio. ◆

Muchos rituales suceden día a día... mas, muchos son accidentales, y muchos han de separarse para encontrar realmente sus misiones. La separación de muchos matrimonios formados en rituales religiosos es juzgada y llamada pecado por muchos hombres... mas, no es eso certero. Deben saber que el amor no se decide por un simple capricho de los hombres. Los ángeles, los Maestros y Dios, guían las verdaderas uniones. He de repetirles que lo que Dios ha unido, no ha de separarlo el hombre, y que las barreras que han sido puestas para su unión, han de ser sobrepasadas, derribadas y vencidas con su amor.

El Sol
que se sintió muy grande

Una vez, el Creador hizo un sol majestuoso, dueño de todos los poderes y facultades, al que se le otorgó la facultad de verter calor y luz sobre la tierra.

Un sol al que se le dio la capacidad de esconderse, para trasmitir su luz a la luna, mientras la luna con su luz, refrescara las noches de los días regalados. Un sol magnífico y maravilloso. Un sol que podía derretir los más grandes hielos e iluminar las más profundas tinieblas. Y el sol supo de la grandeza y el poder... se vanaglorió y ufanó de ¡tantos poderes!

Un día, el sol fue enviado a verterse sobre un campo lleno de girasoles. Y se le dijo:

—Mira cómo, sólo cuando salgas, los girasoles voltearán y abrirán sus pétalos y darán su cara a tí... pues tú, sol, eres el único que puede permitir que se abran sus pétalos.

El sol sintió, que todos los poderes le habían sido concedidos. Salió sobre el campo de girasoles y gritó:

—¡Ábranse ya débiles y tontos girasoles! Miren como su nombre hace culto a mí. Miren como yo, soy la única verdad y la única luz. Miren como yo, y sólo yo, puedo permitir que giren y abran sus pétalos. ¡Porque yo soy su Dios! Porque el Dios me ha hecho Dios para ustedes. Porque sus débiles tallos, sus tontas y feas hojas, y sus pétalos allí recogidos en las tinieblas y en la oscuridad, con sólo ser tocados por mi luz, voltearán y se abrirán. Y yo les regalaré mi luz, y les premiaré con mi luz, alcanzada y avanzada.

Empero, mientras decía todo eso, ningún girasol abrió ni uno solo de sus pétalos, ¡ni uno solo!, sólo hubo más tristeza, resequedad... y ¡más oscuridad!

Cuando el sol notó que las tinieblas se hacían más tinieblas, entonces dijo:

—¡Qué tonta oscuridad que se siente inmerecedora de volverse a iluminar! Pero yo comprendo que la oscuridad se sienta menos que mi luz, y que este radiante poder de iluminarte. Sé que has de sentirte tonta y pequeña, frente a lo majestuoso de mi regalo, y he de entender tu pequeñez y tu tontería, pues estás muy lejos de mi luz. Te falta mucho por avanzar. ¡Mira qué profundas son tus tinieblas! Entiendo, por qué te apena iluminarte con mis rayos benditos. Me apena que los girasoles no quieran abrirse, pues se sienten inferiores a mí.

El sol se fue. Al siguiente día, hubo de regresar, y nuevamente salió con sus bríos y su poder y gritó:

—¡No importa lo tontos que sean, y lo lejos que estén del aprendizaje! Que no puedan ni siquiera hablar mis mismas palabras, ni manejar mis mismos lenguajes, pues cuando hablo, ni siquiera entienden lo que hablo. No importa lo lejos que estén, ¡he decidido que se iluminen ahora! Que los girasoles puedan abrir sus pétalos, ya. Que los campos se llenen de calor con mi majestuosa presencia.

Mas, cuando hubo de decir eso, los campos se llenaron de hielo y de nieve. El sol quería brillar y ser más fuerte. Se hizo más grande su bola de fuego... sin embargo, entre más grande era su bola de fuego... ¡más aumentaba la nieve, el hielo y el frío en los campos! Mientras más fuerte era su voz, más fuerte su prepotencia y su discurso... ¡más pequeños se volvían los girasoles!

Entonces, el sol dijo a Dios:

—Mira, como no puedo utilizar mis poderes, y no puedo dar calor, porque me has enviado a dar calor y a verter mis poderes, sobre quienes están demasiado lejos de entender la grandeza de mis poderes.

A lo que Dios, con infinito amor, le respondió:

—Regresa nuevamente y verás lo que tu fuego puede producir, desde el momento en que estás y desde el nivel de conciencia en que te encuentras.

Y era el sol quien no entendía el lenguaje de la sabiduría, pues sintiéndose más grande y más pleno, retornó sobre el campo, vertió su fuego con prepotencia y orgullo, queriendo brindar calor y queriendo que se derritiera la nieve, que se derritiera el hielo, y que desapareciera el frío.

Cuando salió... la nieve creció más, pero aún entre la nieve, se produjo fuego, un fuego destructor que quemó cada uno de los pétalos, cada uno de los tallos y cada uno de los fragmentos del valle. El valle quedó hecho ruinas y cenizas, aún en medio de la nieve.

Aterrado, el sol contempló el valle y dijo a Dios:

—Definitivamente no me han servido los poderes que me has dado. Lo que me has revelado no me ha servido, pues no me han entendido, y mis poderes no me han servido para nada. ¡Creo no tener ningún poder! Tú has de explicarme ahora --si es que en realidad eres Dios--, para qué me has hablado de poderes, si no he logrado nada, con los que Tú dices haberme dado como poderes.

Dios le contestó:

—Es verdad que tienes los poderes. Es verdad que te he hecho el maravilloso sol, con el poder de iluminar donde hay oscuridad, dar calor donde hay frío, y con el poder de que los bellos girasoles se volteen y abran sus pétalos hacia tí. Todo eso te lo he dado, y todo eso te lo he revelado sin egoísmo, y con el más infinito amor para tí. Empero, sólo una cosa necesitas para que tus poderes puedan obrar. Sólo una cosa necesitas para encender tus poderes y provocar lo que cada uno de tus poderes puede lograr en cada valle y en cada morada: ¡Has de sentir que no tienes poderes, para que tus poderes sean más grandes aún! Has de dejar de llamarlos poderes, dejar de llamarte Dios, dejar de ufanarte y gritar, dejar de pregonar que eres sabio... para que tengas aún más sabiduría. Has simplemente de invadirte de humildad y sencillez. Has de sacar de tu conciencia el ego y desde esa humildad y sencillez... ¡has de ver cómo crecen tus poderes y se vierten sobre la tierra!

Y Dios continuó hablándole al sol:

—Mi amor infinito te ha revelado cada cosa y después de cada revelación no te he gritado: «Mira, ¡soy tu Dios porque puedo revelarte tantas cosas!», simplemente las he revelado con amor, y he esperado cada minuto aunque te retires y te vas de los caminos. Con amor he llamado para que vuelvas a los caminos correctos. Tampoco te he dicho: «¡Mira como te he vuelto al camino correcto!», pues mi amor te ha esperado que desandes y andes, y mi amor infinito jamás se ufana de revelarte nada. Has tú de verter esa luz y ese calor al mundo, tu sabiduría y tu poder han de magnificarse, y han de embellecerse, y engrandecerse, cada vez que veas como magnífica y grande cada cosa, en cada ser humano que mires. Cuando mires a tu prójimo, reconoce la grandeza de tu prójimo en medio de las cosas que haga, y en medio de cada cosa que diga. Reconoce su grandeza y su sabiduría, y reconoce el valor de que sea algo en tu camino para tu propio aprendizaje. Mas, aunque te parezca injusto y tonto, cada cosa que pasa y cada persona que está en tu camino, y cada cosa que haga cada persona que está en tu camino, es también regalo de Dios para tu aprendizaje, y para que te eleves. Pero... ¡cómo pierdes tontamente el tiempo de elevarte y engrandecerte!, cuando te quedas juzgando lo que hace tu prójimo y no te elevas y creces, por encima de lo que haga tu prójimo, reconociendo la belleza y la bondad y la *divinidad en cada persona que mires.*

La voz del Maestro continuó con amor:

—No hay nadie que no sea divino, pues no hay nadie que no haya sido creado de la misma Fuente que tú has sido creado. Deja de pregonar tus poderes y tu sabiduría, simplemente aparece sobre el campo de nuevo, y no derrames poder, ni derrames endiosamientos, ni derrames discursos, pues lo único que pido que derrames es ¡tu amor y tu luz!

Con cada una de estas palabras, el sol volvió sobre el valle... y desde su más infinita humildad y sencillez apareció sobre él y dijo:

—No soy nada yo, sin que sus pétalos se abran. No soy nada yo, sin que el verde aparezca. Mi luz no es nada, si no logra iluminar tus tinieblas, y mis tinieblas se iluminan cuando me devuelves tu luz.

Mas, he venido a verter mi amor y mi paz, no porque la sepa, ni porque sea revelado nada para mí, algo que no haya sido revelado para cada uno. Aquí está presente mi amor infinito y mi calor. No hay nada que sepa más que tú, y no hay nada que pueda más que tú, y no hay nada que se me haya dado que pueda valer sin tí...

Y el sol empezó a enviar en cada uno de sus rayos, el amor y el respeto más grandes. Y cuando enviaba sus rayos, observaba y se preguntaba, lo que podía aprender de cada una de las cosas del valle.

Así, el sol fue viendo desaparecer la nieve, y debajo de la nieve despertaron los girasoles y resucitaron nuevamente a la vida, sus tallos crecieron sus pétalos empezaron a girar y a abrirse... ¡majestuosos al sol! Y sus hojitas tan verdes, adornaban los tallos, sus pétalos inmensos y amarillos hacían fiesta y danzaban en el valle; el verde fue del más hermoso verde, el cielo azul fue del más hermoso y profundo azul. Y se escucharon coros de ángeles entre las flores, entre el verde y entre el cielo.

Y cuando hubo esa danza y esa fiesta, el sol observó y contempló, y la única palabra que pronunció al valle fue... ¡Gracias!. Porque de su hermoso centro de sol, sólo salía la gratitud por haberle permitido, sentir el poder de su amor a través de sus rayos y de su calor. ◆

Han de sentir que no hay poderes, ni sabidurías, pues lo único que les hace fuertes, sabios y poderosos... ¡es el amor! No hay otra fuerza conocida, sólo el amor es capaz de hacerte grande. No importan tus ciencias, ni tus intelectos, ni tus discursos... pues si los pronuncias apartado del amor, sólo podrás provocar más tinieblas en tu entorno y más frío y más nieve en aquellos que rodean tu ser.

Mas, si lo que puedes verter es tu amor incondicional y sin apegos, sin juicios, sin críticas, sin distancias, verás que el amor te hace grande, y cómo con tu amor puedes provocar el abrirse de pétalos, como abrirse de conciencias; el iluminarse de tinieblas, como iluminarse de corazones.

No permitas que la falta de humildad, apague la llama que Dios ha puesto en tí. No permitas la confusión de sentir que sabes más que otro. Cuando ello ocurra, pregúntate qué es lo que ese otro tiene para enseñarte a tí... y avanza sin apegos y sin juicios.

Que la humildad te engrandezca. Mas cuando sientas que has aprendido, habrá de hacerse necesario que vuelvas a las experiencias, para decirte que no has de hablar de aprendizaje ni sabiduría... ¡sólo el amor ha de hacerte sabio y sólo el amor incondicional ha de llevarte por los caminos necesarios que te conduzcan y te regresen nuevamente a Dios!

La Familia
insatisfecha con su casa

En algún tiempo, Dios obsequió a un hombre una hermosa mansión. Adentro de ella, vivía confortable, con comodidades y todo lo necesario.

Este hombre llevó a su familia a la mansión y con ella compartió las comodidades y todo lo confortable de la casa. Pero, un día, uno de ellos se quedó mirando la hermosa puerta de la casa y dijo:

—Dios de los cielos, ¡que fea está esta puerta! ¡Qué dañada y envejecida! No es ésta la puerta de moda. No es ésta la puerta preciosa que merezco. Deberías Tú, Dios de los cielos, obsequiarnos una puerta de oro, pues en realidad lo que merecemos es una puerta de oro puro.

Y entre sus ruegos durmió, y al despertar, su gran sorpresa fue, que no estaba ya la puerta de madera que antes estaba en la casa, y en lugar de esa puerta no había ninguna. Confundido miró cómo quedaba el espacio, y cómo no llegaba ninguna puerta de oro.

Entonces, otro de ellos se quedó observando las paredes de la casa y dijo:

—¡Qué feas paredes! ¡Qué rayadas, dañadas y envejecidas! No son éstas las paredes que merecemos en nuestra familia. ¡Dios de los cielos!... has de enviarnos, paredes de esmeraldas, rubíes y cristales preciosos, para adornar nuestra casa, como realmente merecemos que esté adornada.

Y entre sus ruegos se fue a dormir, y al despertar ¡cuál sería su sorpresa!, cuando vio que la casa ya no tenía paredes, y en lugar de las paredes no había ningunas otras. Solamente quedaba el espacio, y las paredes de esmeraldas, y rubíes, y cristales... ¡no habían llegado!

Entonces otro de ellos miró hacia arriba y dijo:

—¡Dios de los cielos!, creo que te has olvidado de cambiarnos este feo techo. ¡Mira qué envejecido y feo está! Creo que ha sido un olvido tuyo. Pero, ahora he de recordarte, que merecemos un techo de finos cuarzos que cubra nuestra casa, y que la adorne como realmente merecemos.

Y entre ruegos se fue a dormir, y al despertar... ¡cuál sería su sorpresa!, cuando vio que ya no había techo en la casa... Ni techo, ni paredes, ni puerta.

Entonces llegó otro de ellos y dijo:

—¡Jum!. Mira ¡qué feos pisos tenemos! ¡Mira qué deteriorados están! ¡Mira qué empobrecidos! Dios de los cielos has de enviarnos unos pisos realmente hermosos, del más fino mármol, para que nuestros piececitos puedan caminar y sentirse premiados.

Y entre ruegos, fue a dormir y al despertar, ¡cuál no sería su sorpresa!, cuando vio que ya no había pisos. Ni pisos, ni puerta, ni paredes ni techos... ¡Ya no había casa!

Entonces, todos miraron al cielo y dijeron:

—Señor, ¿por qué nos has quitado nuestra casa? ¿Por qué te has llevado la puerta, las paredes, el techo y el piso? ¿Por qué no has atendido nuestro llamado, de hacerla mejor para nosotros? ¿No dices Tú, que pidamos con fe y todo lo que pidamos nos será dado? Te hemos pedido con fe, pero Tú en lugar de darnos... ¡nos has quitado lo que teníamos!

Entonces, Dios contestó:

—Lo que ustedes tenían, les había enceguecido, y les estaba impidiendo ver lo más maravilloso que realmente tienen. Y en medio de su enceguecimiento, cuando se quejaban por la puerta de madera, hube de quitar la puerta de madera, para que sus ojos pudieran mirar hacia afuera y apreciaran el más hermoso valle, lleno de verde y lleno de árboles, que Yo con amor les he obsequiado.

Y Dios continuó:

—Cuando se quejaron por las paredes, hube de quitar las paredes, para que sus ojos tuvieran más oportunidad de mirar el precioso mundo que les he obsequiado, con lagos y mares y ríos. Con pájaros que cantan para ustedes. Con peces y vida, por donde ustedes puedan mirar. Con verde césped y con hermosos trigales. Y las paredes, a veces no les permitían ver ni recordar lo que había afuera. Pero al ver que no lo apreciaron, sino que simplemente miraron hacia arriba y se quejaron del techo, hube de quitarlelo, para que se dieran cuenta de que arriba había el más precioso y perfecto cielo, que sólo con el más infinito amor, pude crear para ustedes. Un cielo en el que les obsequió el sol para que les diera calor y luz, y en el que después les adornó con estrellitas y con lunas diferentes, para que se sientan premiados por mi amor infinito. Mas, a veces el techo les impide ver mas allá, y hube de quitar el techo para recordarles lo maravilloso del cielo. Mas, como no apreciaron el cielo, sino que miraron hacia abajo y se quejaron del piso, hube Yo de quitarlo, para que recordaran que sus hermosos pies pueden tocar la más preciosa y perfecta tierra, que sólo desde mi más profundo amor, pude crear para ustedes. Una tierra en la que están depositadas todas las riquezas necesarias para su existencia terrena. Una tierra de la que pueden brotar todas las riquezas que pedían en sus paredes, en sus techos, en sus pisos, y en sus puertas. Porque de esa tierra que empezó a ser tocada por sus pies, pueden hacer que brote el oro y las esmeraldas y los rubíes y los cuarzos y todos los materiales necesarios para la abundancia terrena que merecen. Porque puse allí todas esas riquezas, mas, ustedes pueden caminar sobre ellas, como un símbolo de que son mucho más grandes que las riquezas materiales, porque las riquezas materiales están justo abajo de sus pies. Ahora han de apreciar los más hermosos premios, los más hermosos tesoros, los que realmente son tesoros y los que realmente son premios. Y sintiéndose premiados por esos tesoros, pongan ahora sí, los pisos que quieran y las paredes que quieran, construyan los techos, pongan las puertas que quieran, pues todas las riquezas están puestas en la tierra para ustedes. Mas, para hacerlo, han de agradecer y reconocer el verdadero valor de las cosas, y han de relevar un poco sus órdenes, y de entender lo que realmente vale, porque Dios les ha premiado de riquezas y les ha hecho abundantes. Piense cada uno en su corazón, con qué dinero terreno podrían comprar lo que Dios les ha obsequiado, sin pedirles un céntimo. No habría ninguna suma posible que comprara el cielo, ni el sol, ni la luna, ni las estrellas, ni el viento, ni los árboles, ni los pájaros, ni la tierra, ni los valles, ni las montañas, ni los ríos, ni los lagos, ni los mares, ni los peces, ni la vida... ¡ni el latido de su corazón!

La voz del Maestro finalizó con amor:

—Todo eso ha sido un obsequio del amor de Dios, y han de disfrutar ese obsequio y enaltecerlo. Todo está dispuesto para su dicha, todo está puesto ahí de forma perfecta, para su plenitud y abundancia. Y su libre albedrío hace lo que quiere hacer y obtiene los resultados que quiere obtener, y no han de reclamarle a Dios por lo que ustedes han creado. Al Padre eterno, simplemente agradézcanle lo que les ha obsequiado, y continúen sus luchas en amor, reconociendo... ¡que hay tanto para ustedes, sin necesidad de que lo compren! ◆

La Mujer
que buscaba la luz

l Creador hizo una bella mujer, la dotó de gran inteligencia y fluidez, de elevado raciocinio, y una buena herramienta de análisis. La llenó de regalos, de dones, de obsequios, y de tesoros... y la envió al mundo, en bella misión.

Siempre ella supo utilizar su inteligencia, y en el sagrado templo de su cuerpo, puso como altar... ¡su mente!

Mas, sabía en el fondo de su corazón, que la mente no es altar de ningún cuerpo, pues sólo el corazón es el verdadero altar. En él, está depositada la chispa divina de Dios, y es allí donde se encuentran los grandes tesoros. Todo el cuerpo, puede ser rey con los tesoros de ese altar, mas el verdadero altar de los cuerpos humanos ¡es el corazón!

Un día, la mujer empezó a pensar cómo encontrar la luz. Y sintió, como a través del símbolo del sol, habría de recibir la luz. Luz que iluminara y apaciguara su alma. Luz que le permitiera que volvieran a brillar sus ojos, y que volviera a haber dicha en su andar y en su camino.

Se levantaba esta mujer, cuando apenas la luna empezaba a retirarse. Se sentaba en una silla, en un lugar en la casa cerca a una ventanita y empezaba a mover su mente, pensando y analizando... ¡cómo y dónde habría de encontrar la luz!

Entonces, un día tuvo la idea, de que era muy fácil encontrar esa luz en la terraza de la casa, y fue así como, cuando encontró ese pensamiento en su mente, salió corriendo tan alocadamente, que tropezó en las escaleras y cayó por las gradas.

Adolorida se sintió de no haber podido llegar a la terraza para recibir la luz, y con su cuerpo lastimado por el golpe, durmió inquieta y triste.

Mas, al otro día, cuando apenas la luna empezaba a considerar retirarse, volvió a mover locamente su mente, analizando y pensando y buscando la estrategia para recibir la iluminación. Entonces su mente le entregó otro pensamiento y le dijo:

—Ve caminando, porque tu error en la pasada oportunidad fue correr y atropellarte, ahora ve caminando, pero métete entre los rosales, pues los rosales siempre son bañados por la luz.

Y esta mujer recibió ese pensamiento como un tesoro y se metió entre los rosales. Y se metió tan arrogante, por creer que su mente le había señalado el camino, que ella daba sus pasos sintiéndose tan orgullosa y tan elevada... ¡tan inmune!

Mas, cuando caminaba entre los rosales, las espinas lastimaron su cuerpo y sangraron sus manos y mejillas. Produjo esto, ¡tanto dolor!, que ella empezó a llorar entre los rosales. Y a pesar de que salió la luz del sol, las lágrimas no le permitieron ver esa luz, pues había muchas lágrimas, por el dolor y la sangre de las espinas en su cuerpo.

Adolorida, volvió nuevamente a su casa y durmió entre angustias, y empezó a sentir un poco de soberbia, por no encontrar esa luz.

Se preguntaba, a veces se rebelaba y discutía: ¿Por qué en su interior sólo había sed y necesidad de luz, y su mente e intelecto tan grandes no le permitían ver la luz, aunque ella sentía, que su intelecto era su altar?

Al despertarse, cuando la luna apenas empezaba a considerar marcharse, se sentó nuevamente y volvió a mover su mente, y ella le entregó otro pensamiento al decirle:

—Si trepas a la copa del árbol más alto, no habrá nada que te impida recibir la luz.

Entonces, como sentía que su mente era un altar, recibió ese pensamiento como un tesoro, buscó, estudió, analizó y midió cada uno de los árboles, para no equivocarse con cuál era el más alto.

Cuando después de todas las medidas y de todos

los análisis, decidió cual era el árbol más alto, empezó a subir a la copa de ese árbol, pero su mente... ¡jamás infalible!, como siempre lo creía, la llevó a prenderse de una rama demasiado débil. Esa rama se partió, su cuerpo descendió, y al caer fue tan duro el golpe, que estuvo un tiempo adormecida, y mientras estaba así, llegó la luz del sol... y nuevamente se fue.

Triste, volvió a su casa, y aunque seguía en su loco análisis, mente y raciocinio, su corazón empezó a hablar un poco más alto. Y el Dios de los cielos en infinito amor, acudió a su llamado, pues ella decidió, ¡casi sin darse cuenta!... que su corazón era su verdadero altar. Y en ese momento, pidió al Dios de los cielos, esa luz, y el Dios de los cielos hubo de contestarle, desde su infinito amor e infinita misericordia:

—Bella hija, no tienes que ir a ningún lugar para recibir la luz. No tienes que correr por escaleras y meterte entre espinos y subir a las copas de los árboles, pues has de entender que en una oportunidad, fue tu precipitud la que te hizo tropezar y caer. Y en otra, fue el meterte entre espinos y lastimar tu cuerpo, aún sabiendo que ibas a lastimarlo. Mas, desafiaste esos espinos que te lastimarían y te metiste entre ellos creyendo ser inmune, y saliste lastimada. Y en otra oportunidad te prendiste de una rama muy débil, como para sostenerte. Con amor he de hablarte ahora: No es necesario que te muevas, te has despertado y te has sentado en esta silla, mas no te has dado cuenta que te paras de la silla cuando la luna aún apenas considera la posibilidad de irse. Ahora aquí, con el amor de Dios, simplemente quédate sentada en la silla, ¡en silencio!, pues para recibir la luz de Dios, lo único que un ser humano necesita... es respirar en tranquilidad y silencio, porque la luz de Dios hace mucho ha sido dada para tí. Sólo respira, quédate quieta y encuentra en el silencio, la sabiduría. Cierra tus ojos, mi bella niña, y simplemente date cuenta que allí... ¡está la luz!

La bella mujer cerró los ojos y empezó a sentir un arrullo y un coro de ángeles, a descubrir en lo más profundo de su ser el amor y la luz, que hacía mucho, pero mucho... pero mucho tiempo le acompañaban, y que sólo su carrera y su afán de mirar hacia afuera, le habían distraído un poco de esa luz.

Luego el Dios de los cielos, susurró a su oído:

—Abre los ojos, mi pequeña.

Y ella, desde la misma silla donde se sentó, abrió sus ojos y vio como entraban rayos majestuosos de luz dorada, por todas las partes posibles de la casa. Y los rayos entraban por las ventanas, las puertas, los orificios, entraban ¡y eran tan fuertes!, que traspasaban las paredes, la bañaban e iluminaban. ◆

Y el Maestro les recuerda en esta parábola: No necesitas moverte ni correr, lo que necesitas es aquietarte, sentir los latidos de tu corazón y la sabiduría de tu respiración, pues eso que buscas, ya te ha sido dado. Y sólo has de encontrarlo, apreciarlo y amarlo en tu hermoso corazón.

Así habrás de permitir que vuelvan a brillar tus ojos y que sea más fácil para tí que la sonrisa ilumine tu bello rostro, que la dulzura y la sensibilidad que tanto ocultas, vuelvan a verterse y alimentar al mundo, pues tu amor infinito puede desbordarse, cuando dejes de contener que se desborde.

Mi amor te colme de bendiciones y se quede encendiendo las luces de tu corazón.

Las Puertas
que se cubrieron de espinos

El Padre construyó una vez, una hermosa casa, con habitaciones y entradas para todos y cada uno de sus hijos.

Con el propósito de enseñarles sobre la vida les envió afuera, al camino y a la escuela de la vida, para que aprendiesen y retornaran a Él en amor.

Cada uno de sus hijos salió por cada una de las puertas que le pertenecía, y empezó a aprender en el valle, a tener las experiencias que le permitían aprender. Algunas dolían, otras dolían más, pero todas conducían al aprendizaje.

De pronto, algunos se dieron cuenta, de que podían entrar nuevamente a la casa a contemplar al Padre, comunicarse con Él, y volver a salir a aprender... pues no era el momento de quedarse en ese reencuentro con el Padre. Entonces, unos de ellos entraban nuevamente, escuchaban al Padre, le acariciaban, Él les enseñaba y volvían a salir por su puerta.

En algún momento, se quedaron afuera sin moverse, y empezaron a contemplar cómo otros, no podían entrar de nuevo y hablar con el Padre. Sus juicios y análisis, decían:

—Es que no sabes caminar hacia donde está la puerta, ni has quitado la maleza. Mira como tu puerta se ha cubierto de hojas, enredaderas, troncos, palos y espinos, que te impiden entrar y contemplar al Padre. Mira cuánto te demoras en quitar cada hoja. Cómo no utilizas el instrumento perfecto para quitar y limpiar tu puerta.

Y así, se quedaron observando, cómo otros limpiaban o no limpiaban sus puertas. De pronto, quisieron entrar nuevamente por su puerta... mas, ¡grande fue su sorpresa!, cuando vieron que todas las hojas y todos los espinos juzgados en las puertas de los otros, estaban ahora siendo hojas y espinos en sus propias puertas. Pues el juicio, simplemente actuaba como un imán que atraía los espinos, y les impedía vivir en el Mensaje y en la comunicación y en el consejo del Padre.

Y de pronto un día sintieron cansancio para entrar a comunicarse con el Padre y pensaron que su cuerpo estaba cansado y que era difícil quitar los espinos y entrar a comunicarse con Él. Y en infinito amor el Padre les dijo:

—Ese cansancio no es casual, simplemente hay una forma no física de que limpies nuevamente tu puerta. La forma como has de limpiarla para que entres sin cansancio a comunicarte con tu Padre, es que derrames tu amor, tu luz, tu equilibrio y tu aceptación. Has de derramarlos sobre los espinos, sobre las hojas y cada uno de los troncos.

Cuando se dispusieron a mirar con amor, con todo el equilibrio, toda la calma y toda la aceptación, los espinos, los troncos y las hojas de sus propias puertas, el Padre desde adentro les dijo:

—No te equivoques, mi bienamado... Ese amor, ese equilibrio, esa paz y esa aceptación, sí, han de limpiar tu propia puerta, pero no siendo derramados sobre ella. La forma como han de limpiar su propia puerta, es que sean derramados sobre las puertas de quienes juzgas.

Entonces, comprendieron, y con sus ojos derramaron, ¡todo el amor! ¡toda la luz! ¡todo el equilibrio y toda la aceptación!.... estos dones puestos por Dios en sus corazones, como chispa divina.

Y cuando empezaron a contemplar en amor, equilibrio, paz, aceptación, las puertas de los demás... de repente vieron que en sus puertas, ¡no había ningún espino, ni una sola hoja, ni un solo tronco! Y que nuevamente esa puerta era acceso fácil y sin cansancio al Padre.

Y fluyeron en armonía, y así nuevamente sintieron su propia paz y luz, su propio equilibrio, y su propio amor, y su propia aceptación. ◆

Cuando te falte la paciencia y la aceptación por otro, te está faltando la paciencia y la aceptación por tu propio proceso.

La casa de esta parábola, no es más que el Reino de los cielos, y ese Padre que hizo cada puerta y les envió afuera a aprender, no es más que el Padre del Reino de los cielos. Todos nosotros somos sus amados hijos.

El Pastor
que servía en humildad

nvió Dios a un hombre a la tierra, para que construyese un templo y desde él, enseñara a muchos su Palabra. El hombre empezó a expresar la palabra de Dios y muchos acudían a escucharla. Una vez, asistía una mujer embarazada. Como no estaba casada con legítimo marido —leyes y normas creadas por los hombres—, el pueblo entero la juzgó y apedreó, y se atrevieron a llamar a su hijo impuro, porque en las leyes humanas, no había un marido.

Ella, para defenderse, muy asustada les dijo:

—No han de apedrearme más, pues este hijo que llevo en mis entrañas, ha sido sembrado aquí, por este pastor que nos expresa el Mensaje de Dios. Este pastor y evangelizador, es el padre de mi hijo.

El pueblo entero se volcó sobre el templo, apedreándolo. Sacaron al pastor, le golpearon y juzgaron sin piedad.

Cuando nació el hijo, lo llevaron al pastor y se lo entregaron, diciendo:

—Cría y alimenta a este hijo con tu esfuerzo y tu trabajo, pues tú eres el padre. Has de alimentarlo y verlo crecer. Pero ninguno de nosotros volverá a escuchar tu falso Mensaje. Todos nos iremos y jamás volveremos a creer en tí, pues has pecado y el pueblo entero te repudia y te rechaza.

El pastor tomó la criatura en sus brazos y con el amor más grande que puedan imaginarse, le acarició, arrulló y alimentó. Con sus manos, sembró la tierra, cosechó los frutos, y los llevó a la boca del niño. Sacó los peces y lo alimentó. Hizo el abrigo y dio calor al niño... todo en la más infinita de las soledades, y en el más triste y duro de los rechazos.

Pasado algún tiempo, la madre del niño reunió a todo el pueblo y les dijo:

—Necesito estar en paz con Dios, estar en paz con el pastor, estar en paz con mi hijo, y estar en paz con el pueblo. Es por eso que les he reunido para contarles, que lo que yo les dije fue una mentira, pues jamás el pastor tocó mi cuerpo y en realidad, mi hijo no es de él... es hijo de un hombre obrero, labriego de la tierra, quien puso en mi vientre este hijo y luego partió. Estaba tan asustada, que tuve que decirles que era hijo del pastor... ¡pero eso es falso!

El pueblo entero corrió a buscar al pastor y cayeron de rodillas frente a él, pidiéndole perdón. Él, con infinito amor, les miró y les dijo:

—Levántense y miren con su cabeza en alto.

Y la gente del pueblo se levantó con su cabeza en alto. Cuando todos estuvieron de pie, fue el pastor quien cayó de rodillas, diciendo:

—Infinitas gracias por esta hermosa experiencia de servicio, en esta criatura que he alimentado, abrigado, cuidado, y visto crecer. ¡Gracias y benditos sean!

Luego entregó al niño, y les colmó de bendiciones. Sonriente y humilde, se sentó de nuevo en su templo, y volvió a expresarles la palabra de Dios, con el mismo amor con el que antes lo hacia, y sin el más leve de los juicios, ni de las preguntas, ni de los porqués. ◆

Es esta una historia de humildad, que claramente les muestra cómo no importa que los demás reconozcan el valor del mensaje, pues es el amor el que siempre ha de manifestarse.

La disposición de servicio y de amor no tienen forma concreta. Simplemente el pastor ofreció su amor y su servicio a Dios, y al principio se manifestaron en mensaje, para un templo lleno con una multitud que recibía, aclamaba y valoraba el Mensaje.

Y aunque las circunstancias externas cambiaron, el pastor siguió siendo amor y servicio de la forma como se le presentó la oportunidad de ser amor y servicio.

La Casa:
una misión grupal

Un hombre tenía unos hijos, que vivían en una hermosa casa dotada de comodidades, lujos, y belleza. Vivían en un templo sagrado, donde cada uno tenía una habitación confortable y bella. Había tántas habitaciones, como tántos eran sus hijos.

Mas, este Padre vio la necesidad de que sus hijos fueran a un lugar a aprender. Los reunió y les dijo:

––Vayan al mundo y aprendan a través de su servicio, humildad, amor y entrega, Pero Yo voy a traerles nuevamente a esta casa, porque mi amor no les permitirá que se pierdan.

Entonces, el Padre les acompañó a ese mundo donde debían servir. Al devolverse, fue poniendo migajitas de pan en el camino, para que sus hijos las encontraran, y así siguieran el camino y volvieran a su Padre.

Llegaron ellos al mundo y empezaron a aprender con equivocaciones, tropiezos, dificultades, dolor, enfermedad, sacrificio, separación y soledad.

Conocieron de discordia y de traición, porque entre ellos tenían la misión de transmitirse esas oscuras enseñanzas, que después les permitirían reconocer la luz, pues todo estaba perfectamente planeado. Cuando empezaron a ver la luz, hicieron un equipo para hallar las migajas y volver a su Padre.

Uno de ellos sostenía la lámpara para alumbrar el camino. Otro cuidaba los pies de sus hermanos, para que no se cansaran en el camino. Otro les daba agua para saciar la sed. Otro les hablaba, les explicaba cómo andar por el camino. Con su alegría, otro les cantaba, para hacer ameno el camino. Otro, con dulzura oraba y recordaba las palabras del Maestro, para llenar de Mensaje el camino. Otro llevaba una cesta, para ir recogiendo las piedras que quitaba del camino. Otro quitaba la maleza, para que el camino se despejara. Otro les acariciaba y relajaba cuando se cansaban. Y uno de ellos, encontraba la migaja, se agachaba, la tomaba y la partía en pedacitos justos e iguales para cada uno.

Así, contentos y alimentados, seguían en búsqueda de la próxima migaja.

¡Misión importante desarrollaba cada uno! Pues sin la lámpara no se encontraría la migaja, como sin el agua, la sed les fatigaría y no encontrarían la migaja, como sin los pies descansados, no podrían caminar, como tampoco con la maleza.

¡Misión perfecta y misión importante la de todos!

Pero hubo uno de ellos, que solamente se quedó observando, quién era el alma que recogía la migaja, lleno de envidia y soberbia, preguntó:

—Por qué ha de ser ella quien encuentre la migaja? ¿Por qué no he de ser yo? y... ¿por qué he de conformarme con migajas?

Entonces, empezó a correr y a alejarse de su grupo de hermanos y a buscar carnes, peces y frutos, pues las migajas le eran muy poco. Bajaba los frutos de los árboles y los echaba en un costal. Encontraba peces en los ríos y en mares y los echaba en el costal. Hallaba aves y también las echaba en el costal. Y corría y decía:

—Voy a ganarles a estos tontos y lentos hermanos míos, que se demoran en encontrar cada migaja, mientras que yo cada día encuentro más panes completos... ¡no migajas! Más aves apetitosas, peces y frutos... ¡no migajas! He de tomar este alimento, porque cuando ellos lleguen fatigados, yo estaré en el trono, esperándoles, rebosante y diciéndoles: «Mira como yo, si llegué hace rato a este trono de mi Padre».

Y corrió y corrió, mientras sus hermanos recogían migajita a migajita, celebraban cada migaja, se abrazaban, compartían cada migaja, y continuaban en búsqueda pacífica y tranquila.

Cuando este hombre tuvo su costal lleno, sintió hambre, y pensó que necesitaba alimentarse para alcanzar el trono. Abrió su costal, pero... ¡cuál sería su sorpresa!, cuando en el costal no había aves, frutos, peces, panes enteros, ¡solamente había hojas secas! Pues hojas secas habían volado de su mente, y él en su mente, las había convertido en panes completos, aves, peces y frutos.

Lleno de hambre empezó a correr y a buscar más frutos... mas, ¡no había frutos! A buscar más aves... ¡no había aves! A buscar más peces... ¡no había peces!

Empezó a buscar a sus hermanos, desesperado. Pero él se había alejado tanto del camino, que sus hermanos no estaban... no les encontraba, y ¡gritaba desesperado!

Se sentó en una piedra, mirando a los cielos, dijo:

––No quiero continuar tu juego, Dios, siempre me ilusionas con caminos y tronos y luego no me das nada. No he de volver a escuchar ni Mensajes ni parábolas, ni he de volver a seguir instrucciones, pues siempre me has mostrado una ilusión y siempre me la has quitado.

Y el Dios de los cielos en infinito amor le cubrió, le abrazó, le cubrió de bendiciones y le dijo:

––Bendito seas, mi bienamado y el Reino de los cielos te espera cuando tú quieras volver... El reino de los cielos es para tí, y has de venir cuando quieras. Mas, has de caminar con respeto, al mismo ritmo del paso de tus hermanos, y has de cumplir tu función en este paso grupal, sin alardes ni fantasías, pues te sientes perdido y solo, y esta soledad es la que tú has buscado, al sentirte superior a tus hermanos. Sabes que el hambre y la sed que sientes, podría ser saciada y calmada por tus hermanos, pero te alejaste tanto de ellos, que ahora tienes hambre, sed y soledad. ◆

Cada uno ha sido premiado con los dones necesarios para que el Mensaje se porte. No han de sentirse más o menos importantes en su misión, pues ella no sería posible sin alguno.

Y mientras sus cuerpos estén en el nivel físico con vida, serán necesarios en la misión, y cuando sus almas se desprendan de los cuerpos, desde el nivel de las almas, seguirán acompañando su misión grupal.

Volverán a reunirse tal vez en otros niveles, de acuerdo a su evolución y aprendizaje, para continuar con un sagrado pacto de servicio y Mensaje.

No pretendas tener o no tener dones, éstos o aquellos, agradece los que se te han dado y desde lo que tienes, sirve. Todos están en la capacidad de servicio, aunque sean diferentes las formas.

En tu propia sabiduría sabes si estás o no estás listo para hacerlo, pues pretender protagonizar ¡puede entorpecer tu misión de servicio!

Misión de servicio que ha de ser igual de valiosa, desde el más profundo silencio o desde horas y horas y horas de palabras.

El Mendigo
y el hombre adinerado

Una vez, un mendigo que iba pasando por una calle, se encontró con un hombre rico. Este miró al mendigo con lástima, después miró hacia todas partes para ver si había suficiente gente que le mirase; entonces, con mucho ruido, abrió su bolsa y sacó diez monedas de oro. Y las contaba, a los gritos.

—¡Una moneda de oro!, ¡Dos monedas de oro para este mendigo!, ¡Tres monedas de oro!, ¡Cuatro monedas de oro! Observen cómo entrego... ¡la quinta moneda de oro! Miren esta ¡sexta moneda de oro!, de la que me desprendo para el mendigo. ¡Siete monedas de oro!. ¿Contaron bien?. Estamos en la ¡octava moneda de oro! ¡Nueve monedas de oro! y... ¡diez monedas de oro, que con infinito amor, entrego al mendigo!

El mendigo recibió las monedas de oro, y continuó caminando, hasta que encontró a una anciana, ¡pobre y cansada!, que llevaba en su bolsita, solamente un céntimo que había ganado en su humilde trabajo.

Cuando la anciana vio al mendigo con hambre, sacó su monedita y la entregó. Y mientras la entregaba en silencio, le enviaba bendiciones y amor, deseándole que el Señor de los cielos, le iluminara y condujera por buen camino.

Y siguió con su bolsa vacía... ◆

La Mujer
que buscaba con una lupa

El Dios de los Cielos, le dijo a una mujer:

—Busca los hermosos regalos que te he traído, como flores y frutos preciosos para tu espíritu.

Ella comenzó a caminar por los valles, se agachaba, miraba con lupa la tierra, buscando los frutos y las flores... mas, no encontraba ningún fruto, ni ninguna flor.

Y continuaba su camino, abría más los ojos, buscando los frutos y las flores. Miraba hacia abajo, contemplaba la tierra... pero no los encontraba.

Un día, dijo:

—Dios mío, ¿dónde están los frutos y las flores, que por más que mire, y tenga mi cabeza cansada de estar agachada, buscando, no los encuentro?

Dios le contestó:

—¿Quién te ha dicho a tí, que has de buscar los premios siempre abajo de tus ojos? Mira a la altura de tus ojos, mira hacia arriba, y reconoce los frutos y las flores que vienen desde el cielo. Pues no has de ver jamás, ninguna alma más pequeña que tú, ya que las circunstancias externas jamás te enseñan la grandeza de las almas. ◆

<blockquote>

Deja ya de buscar en esa alma, frutos y flores mirando hacia abajo, y atrévete a mirar a tu nivel, para que aprecies lo que esa alma trae a tu vida.

Aprende a elevarte. Atrévete a mirar a la altura de tus ojos, aunque aparentemente, los frutos y las flores de esa alma, estén más abajo que tus ojos, pues más abajo no encontrarás... ¡Sólo a tu altura, los hallarás!

</blockquote>

La Paloma
de oro y plata

ios se acercó a un grupo, y en amor, les dijo:

—Voy a entregarles una hermosa paloma de oro y plata. La escucharán cantar, y sus ojos la verán volar, su piel la sentirá acariciarles. Sólo han de buscarla y sentirla en sus corazones.

Con esa dulce tarea, dulce premio, el Padre Eterno se alejó. Y desde un especial lugar en el cielo les observaba...

Uno de ellos preparó todas las técnicas, todos los aparatos, para encontrar la hermosa paloma de oro y plata. Necesitaba silencio, que su mente y análisis pudieran pensar en paz, para descubrir la bella paloma de oro y plata.

Entonces puso una venda sobre sus ojos, para que lo que viera afuera no le entorpeciera la sensación de la llegada de la paloma de oro y plata. Y puso tapones en sus oídos, para que los sonidos, no le entorpecieran el ruido preciso y precioso de la paloma de oro y plata. Y sentado en un lugar diseñado por él... sumaba, restaba dividía y multiplicaba la forma como habría de llegar la experiencia de la paloma de oro y plata.

Sin embargo, la experiencia de la paloma de oro y plata... no llegaba, no llegaba, no llegaba para él.

Otro miembro del grupo, encontró un árbol y dijo:

—Aquí ha de llegar a posarse la paloma de oro y plata.

Se prendió del árbol con uno de sus brazos, y empezó a dar vueltas y vueltas. Y a cada vuelta, decía:

—No aparece la paloma de oro y plata, es que casi no me queda tiempo para dar más vueltas.

Y daba vueltas, quejándose porque no le alcanzaba el tiempo para la meditación. No le alcanzaba el tiempo para la búsqueda, y siempre estaba ¡tan ocupado!

Pero no se daba cuenta, de que las vueltas no significaban un solo paso, pues sólo eran vueltas al árbol, mientras cada vez, le faltaba más el tiempo, para dar más vueltas.

Mas, ella daba las vueltas, mientras la experiencia de la paloma de oro y plata... no llegaba, no llegaba, no llegaba para ella.

Otro miembro del grupo empezó a preguntarse:

—No puede ser que yo merezca esa experiencia, ¿Yo?... ¡Tan juzgadora! ¿Tan perniciosa en la vida? ¿Tan alocada y correlona? ¿Habrá de haberse equivocado el Maestro conmigo? No he de ser yo, alguna elegida para esa experiencia. ¿Cómo han de enviarme a mi una paloma de oro y plata con esta disipada vida? ¡Debe haber un error!

Y mientras pensaba que no era merecedora de la experiencia de la paloma de oro y plata... la experiencia no llegaba, no llegaba para ella.

Otro miembro del grupo empezó a ver la paloma de oro y plata. Si veía una plumita, corría, sermoneaba y contaba a todos:

—He visto una pluma y debo explicarles, cómo han ustedes de verla.

Les sentaba en su lugar de trabajo, y les hablaba cada vez más fuerte. Y no solamente era director en sus trabajos, sino creador de bellos discursos, de cómo alcanzar la pluma, que él ya había alcanzado.

—¡Vengan todos y contemplen esta pluma, búsquenla de la forma como yo les diga! Tú, ¡no seas más inconsciente en la búsqueda! Y tú allá ¡no seas más rebelde en la búsqueda! Y tú allá, ¡no busques de esa forma, busca de ésta! Y tú ¡cómprate este nuevo libreto y este nuevo libro!, para que busques y encuentres la pluma que yo, ya he encontrado.

Mientras les explicaba con discursos, su experiencia de la paloma de oro y plata... se quedaba en una pluma, en una pluma, en una pluma. Y no llegaba la experiencia para él.

Otro miembro del grupo empezó a sentir la

paloma de oro y plata, pero se sentía tan atemorizado cuando se acercaba la paloma de oro y plata...

—¡Qué miedo!... ¡es una paloma de oro y plata! ¿Será que mi corazón débil y niño, puede soportar esta gran experiencia? ¡Es toda una paloma de oro y plata! ¡Qué miedo me da!

Y su corazoncito tembloroso confundía a la paloma de oro y plata que ya estaba lista para llegar... mas, entendía en el temor, que no quería que llegara. Y en ese temor, se decía:

—Me da miedo esa experiencia ¡tan grande!, porque no sé si esté preparada, ni lista, ni merezca que llegue.

Y mientras permitía el temblor y se cuestionaba, la paloma de oro y plata, de nuevo se alejaba, se alejaba, se alejaba. La experiencia de la paloma de oro y plata, tampoco llegaba para él.

Y otro del grupo, con la bella misión de conducirlos a todos, para encontrar la paloma de oro y plata, necesitaba tiempo para el alegato y el sermón.

Recorría las gradas, casas y habitaciones. Se entristecía y angustiaba. Alegaba y alegaba. Pero no recordaba que a la paloma de oro y plata no le gustaba el alegato, no le gustaba la angustia, y esperaba una fiesta para llegar.

Y cuando en su bella misión de conducir, se sentaba y cerraba sus ojitos... ¡era tanto el cansancio! ¡Era tanto el desgaste de su angustia y su trajín!, que la paloma de oro y plata... no quería llegar allí.

Entonces, se levantaba y su inmenso amor empezaba a pelear con el trajín. Llegaba la noche y se ponía la luna, en medio del sermón y el alegato. Y la paloma que ya estaba lista para entrar... se alejaba, se alejaba y se alejaba, pues quería una fiesta, un verdadero festín... y no un sermón.

Mientras esto pasaba, la paloma de oro y plata no llegaba para ella.

Y todos se reunían y se decían:

—¿No te ha llegado la paloma de oro y plata? Tampoco a mí me ha llegado la paloma de oro y plata. ¿Qué falta, para que llegue la paloma de oro y plata?

El Padre Eterno, que siempre les amaba sin fronteras ni límites, un día decidió decirles, cómo había de llegar.

Lo primero que hubo de contarles, fue que la paloma de oro y plata ya estaba allí, más cerca de lo que jamás habían imaginado. No había que agarrarla por los aires... ya estaba allí.

Entonces, se acercó a uno de ellos, le desprendió una venda que tenía sobre los ojos y le dijo:

—Simplemente mira, mírala allí. Tu venda no te permitía verla.

Y luego, le quitó los tapones que tenía en los oídos y le dijo:

—No necesitas el silencio ni el análisis. Abre tus oídos y escucha cantar a la paloma de oro y plata que hace mucho, pero mucho, pero mucho... que llegó.

Luego, acudió donde otro de ellos, y le dijo:

—Mi bienamada y pura alma, jamás vales antetu Padre Eterno, por lo que dices pernicioso y alocado, pues bendigo y amo tu vida, como bendigo, amo y recibo la bondad de tu alma, pues al Padre Eterno le entregas tu amor de hermana, tu amor y tu perdón de hija, tu entrega como amiga, tu entrega como la más enamorada de las tías, tu entrega como la más leal, de las manos trabajadoras... y la dulce receptividad de tu corazón, cuando le llega el Mensaje. Deja ya de andar por ahí, cuestionándote: «¿A mí?... ¿a mí?». Simplemente cierra tus ojos y date cuenta de la presencia en tu corazón, de la paloma de oro y plata.

Y así, a cada uno les habló. Se acercó donde el otro, le tomó del brazo suavemente y desprendiéndolo del arbolito, le dijo:

—No has de hacer mas círculos, pues jamás alcanzará tu tiempo físico con tantos círculos alrededor de este árbol, que no te permiten mirar el bello horizonte que puede mirar, quien ya tiene en su corazón, la paloma de oro y plata. Todo tiene su tiempo y su hora. Encuentra tiempo en tu corazón para llamar y hablar con el Maestro, tiempo para cada cosa, como encuentras de cualquier manera el tiempo para servir, cuando sirves en amor.

Y así siguió hablando a cada uno.

A otro, le dijo:

—Sí, es ésa una pluma. Pero la paloma de oro y plata es mucho más que la pluma. No les sermonees, ni les analices, ni les diagnostiques, ni les juzgues. Ven y sigue encontrando más plumas. Contempla la paloma de oro y plata y luego entrégales a tus hermanos tu amor, equilibrio, servicio y entrega, sin discurso ni sermón.

Se acercó a otra y le dijo:

—¿A qué temes, mi bella niña? ¿A qué temes mi bienamada, engrandecida y enaltecida niña? ¿A qué temes mi valiente alma? Si tu corazón sabe que hay premios para tí, pues tu dolor y sufrimiento no han sido en vano. Bellos son los premios que seguirán siéndote dados y el premio de la paloma de oro y plata ya lo tienes en tu corazón.

Luego se acercó a quien llevaba el timón y las riendas en la conducción y le dijo:

—Mi bienamado, dulce, alegre, ¡inmensamente feliz!, dichoso, y sonriente... mi bienamado conductor... sólo cálmate y disfruta el privilegio de tu misión. Calma tu angustia... suavecito, con la misma suavidad del llamado de tu ángel guardián. Siente como un soplo ese llamado, cada que tu alma se angustie. Siente que ese dulce canto te llama a la tranquilidad y al gozo. Y en tranquilidad, gozo y calma... disfruta que ya tienes la paloma de oro y plata.

Y cuando ya todos sabían que tenían la paloma de oro y plata, uno de ellos se acercó al Maestro y le dijo:

—Maestro, a todas estas, ¿cuál es la paloma de oro y plata? ¿Qué es lo que estamos buscando?

Y el Maestro, en amor le abrazó, le arrulló y le dijo:

—Mi bienamada niña, la paloma de oro y plata... ¡es el Espíritu Santo en sus corazones! Espíritu Santo que es el amor, la luz, y la chispa divina de Dios en cada uno. Es la luz que les toca y que existe para todas las almas enviadas. ◆

En verdad os digo, que desde antes de tomar sus cuerpos, recibieron la paloma de oro y plata y entendieron y eligieron su bella misión, que sólo están recordando ahora.

Nunca pienses que ya conoces y sabes, ni que aprendiste... simplemente párate frente a tu prójimo en amor y en igualdad.

Y en inmensa humildad, pide a Dios que hable a tu prójimo, a través de tus labios

Y ama a tu prójimo como a ti mismo y ama a Dios por sobre todas las cosas del mundo.

El Castillo
de la unión y el amor

Una vez, el Padre obsequió a un bello núcleo de sangre, un hermoso palacio, como un templo de unión y amor.

En el eje de ese palacio, un hombre y una mujer dieron sus frutos. Y en torno a ese eje, los frutos se movían, ascendían y evolucionaban.

Mas, un día, el hombre hubo de partir a otros niveles. Y los frutos confundidos, sintieron la ausencia del eje, pero debían continuar con sus sanos principios... su lucha por sus vidas. Y formaron sus propias moradas, fuera del castillo.

Fue así como cada uno de ellos se alejó, con sus frutos, a su morada. Empero, siempre extrañaban el calor y el amor del castillo, pero no veían posible la reunión en él, pues había partido quien era el eje central.

Todos continuaron avanzando en el camino y la siembra de la vida. Todos añoraban algún día, el calor y el amor del castillo.

Un día, en sentimiento de soledad, decidieron

buscar y andar nuevamente el camino que conducía al castillo de la unión y el amor. Cuál no sería su tristeza y asombro, cuando vieron que el camino estaba lleno, ¡inmensamente lleno de espinos!

Tristes, se alejaron nuevamente a sus moradas, y siguieron viendo imposible regresar al calor y al amor del castillo. Mas, Dios Padre Eterno, Rey de los cielos, en su infinito amor, entregó a cada uno de esos frutos, una lanza, y el amor y el valor necesarios para limpiar los espinos y recuperar los caminos, que les llevaran nuevamente al castillo.

Seis fueron las lanzas que entregó, y cada uno tomó la suya, en compañía de sus propios frutos y en compañía de quien había elegido, como pareja en su andar.

El primero de ellos tenía como misión tomar su lanza y limpiar los espinos de la apatía, la indiferencia, el desapego y el desinterés por sus hermanos. Con su lanza, hubo de arrancar uno a uno, cada espino que significara apatía y desinterés por ellos.

Cuando hubo de estar limpio el camino de los espinos que significaban esa apatía, enterró en la tierra la lanza, y vio cómo al final de la lanza, surgió una hermosa bandera, y al final de ella, una bella antorcha cuyo fuego no parecía consumirse... mas, la luz que daba era la más hermosa de las luces.

Y esa bella luz en la antorcha simbolizaba la

solidaridad que había de llegar a reemplazar la apatía, el desinterés y el desapego... ya desenterrados con la lanza.

El segundo de ellos, tenía como misión con su lanza, apartar del camino los espinos de los juicios, de las críticas y de los análisis.

No era fácil para él, pues acostumbraba juzgar, analizar y criticar a sus hermanos. Mas, el Dios de los cielos le dio el amor y el valor necesarios para arrancar los espinos del juicio, del análisis y de la crítica. Y así fue como con su lanza arrancó los espinos que le simbolizaban el juicio, el análisis y la crítica. Cuando hubo de terminar la limpieza, enterró en la tierra la lanza, y vio cómo al final de la lanza, surgió una bella bandera, y al final de la bandera una bella antorcha cuyo fuego no parecía consumirse... mas, daba la más bella de las luces.

Hermosa bandera y hermosa antorcha que simbolizaban ¡la más privilegiada y pura de las aceptaciones!

Fue la aceptación, la segunda bandera que iluminó el camino. Aceptación que había llegado a reemplazar el juicio y la crítica y el análisis.

La tercera de ellas tenía como misión, con su lanza, limpiar uno a uno los espinos del desamor, la tristeza y la desesperanza. Aunque era difícil pues a veces se entristecía y se desesperanzaba y se contagiaba un poco con el desamor. Mas el Dios de los cielos le dio valor y el amor necesarios para limpiar los espinos del desamor y la tristeza y la desesperanza.

Y fue así como limpió uno a uno todos los espinos que simbolizaban todo eso. Y cuando hubo de terminar enterró la lanza en la tierra, y al final de la lanza surgió una bella bandera, y al final de la bandera la más bella antorcha, cuyo fuego no parecía consumirse... mas daba la más hermosa de las luces.

Bella bandera y bella antorcha que simbolizaban ¡el más puro amor de hermanos!

Y así fue como el amor y la hermandad reemplazaron el desamor, la tristeza y la desesperanza.

El cuarto de ellos con su lanza, tenía como misión separar todos los espinos que pudieran simbolizar la falta de fe y la falta de creer, la única verdad necesaria de creer.

No era fácil, pues a veces a pesar de la grandeza y belleza de su alma, le limitaba la falta de fe. Y la inteligencia que le había sido dada como premio le servía a veces para fundamentar y arraigar su falta de fe.

Mas el Dios de los cielos hubo de entregarle el amor y el valor necesarios para tomar su lanza, y arrancar uno a uno los espinos que simbolizaran falta de fe y falta de creencia.

Y fue así como limpió todos los espinos que

significaran falta de fe. Y cuando hubo terminado, enterró su lanza en la tierra, y al final de la lanza la más bella bandera, y al final de la bandera la más bella antorcha, cuyo fuego no parecía consumirse... mas, sí daba la más hermosa de las luces al camino.

Bella bandera y bella antorcha que simbolizaban la fe verdadera... ¡la más fuerte y firme fe!

El quinto de ellos tenía como misión separar del camino los espinos que simbolizaran el rencor, los sentimientos heridos, los reproches y el resentimiento.

Pero no le era muy fácil, pues su hermoso corazón entristecía con el rencor, muchas veces. Mas, el Dios de los cielos le entregó el valor y el amor necesarios para tomar su lanza y arrancar uno a uno los espinos que le simbolizaran rencor y resentimiento.

Fue así como quitó los espinos de la rabia. Y cuando hubo terminado, enterró su lanza en la tierra, y al final de la lanza se formó la más bella bandera, y al final de la bandera la más bella antorcha cuyo fuego no parecía consumirse... mas, sí daba la más bella de las luces al camino.

Hermosa antorcha y hermosa bandera que simbolizaban, ¡el más sublime puro y grande de los perdones!

Y fue así como el perdón, fue antorcha de luz en el camino.

El otro de ellos tenía la misión de separar del

camino todos los espinos que significaran el más triste de los silencios, y aquello que por muchos era llamado madurez y seriedad... mas, se había convertido en amargura.

Y no le era fácil, pues en su rostro y en su corazón muchas veces llegaba como invasor... la amargura.

Pero el Dios de los cielos le dio el valor y el amor necesarios para tomar su lanza y arrancar los espinos de la amargura, y fue así como los quitó.

Cuando hubo terminado, enterró su lanza en la tierra, y al final de la lanza la más bella bandera, y al final de la bandera la más bella antorcha, cuyo fuego no parecía consumirse... mas, sí daba la más hermosa de las luces.

Bella bandera y bella antorcha que simbolizaban ¡la alegría y la más tierna y dulce de las felicidades!

Fue así como la alegría y la felicidad fueron antorcha en el camino.

Limpio el camino, ahora bellamente invadido de luz, fue claro para cada uno. Y cada uno en compañía de sus frutos y en compañía de quien había elegido como pareja en el andar y en la siembra de la vida, caminaron firmes nuevamente hacia el castillo. Entraron a él, y en regocijo se sentaron con uno de los ejes centrales.

Y celebraron ese momento de unión y de amor, mas, algo parecía faltar, pues extrañaban dulce y tristemente, a ese eje central que un día hubo de partir.

Cuando estuvieron sentados, con sus manos cogidas y con el amor viviente en sus corazones, uno de ellos dijo:

—Te extrañamos padre, extrañamos tu presencia y extrañamos tu luz. No ha sido fácil para nosotros continuar este andar aún a costa de tu ausencia. Te extrañamos, y desde acá, desde la tierra, te enviamos nuestro amor, hasta el lugar donde te encuentres ahora.

Cuando terminó de pronunciar esas palabras, escucharon todos una bella voz que les decía:

—¿Quién les ha dicho a ustedes, mis bellos y bienamados hijos, que me encuentro en un lugar diferente a sus propios corazones? Y si extrañan mi luz, no han de buscarla debajo de la tierra y en recuerdos lejanos. ¡Levanten sus ojos y observen mi luz presente!

Todos levantaron su mirada y observaron en lo más alto del castillo, un orificio en forma de estrella, por el que entraba la más bella de las luces y tocaba a cada uno de ellos.

Y cuando la luz les tocaba y les acariciaba, nuevamente escucharon la voz que les decía:

—¡Jamás les he abandonado y jamás he partido!... mas, ustedes sí, a veces han partido, tomando diversos caminos, separados y lejanos y distantes. Mas, bendigo el momento de la unión, y pongo yo esta preciada luz, que junto con las luces de sus bellas antorchas, han de mantenerles, vivo e iluminado el castillo. Y al lado de mi luz, he de sembrar la de quien en vida fue vientre que hizo realidad a mis tan amados frutos. Y la luz de ella sembrada como antorcha en el centro del castillo, ha de recordarles y simbolizarles siempre, ¡la más dulce y grande humildad! que habrá de acercarlos cada vez más al Padre Eterno. Y mi luz, venida como estrella que jamás les abandona, habrá de ser símbolo de ¡unión inquebrantable! Unión que habrá siempre de hacerles tomar sus bellas manos. Unión que habrá siempre de abrir sus corazones para compartir la chispa divina de Dios, en cada uno de ellos. ◆

Tienen las familias un gigantesco patrimonio en su sentimiento de unión y solidaridad. Tiene cada uno de sus miembros, la responsabilidad de mantener viva la llama de la unión. Y es preciso que esa unión se mantenga, así el eje de la familia haya pasado a otro plano de existencia. El recuerdo de sus ejes deberá significar otro motivo para permanecer unidos y así, fortalecer su andar.

El Barco
en las aguas enfurecidas

El Padre eterno envió a la tierra a una buena y trabajadora mujer, que en vida, al lado de quien eligió para amar hasta el final de sus días, concibió dos frutos.

La mujer hubo de quedarse en su barco un día, navegando las aguas de los duros mares de la vida, pues su compañero había llegado al final de sus días y había ascendido, con el dulce llamado de Dios, a otro lugar.

Confundida y sola, tomó el timón de su barco y continuó valiente entre las aguas de los mares, hasta que llegó el momento en que hubo de entregar a cada uno de sus frutos, un barquito, para que hicieran su propio camino, en sus propios mares y en sus propias aguas.

Cada uno fue en su barquito, mientras ella continuaba frente al timón de su barco. Mas, al cabo de un tiempo, escuchó el llamado de uno de ellos que le decía:

—Madre, este barco está naufragando. Ven, salva y endereza mi barco.

Sin pensarlo más, soltó el timón y se lanzó a los mares, en medio de las enfurecidas aguas. Y aunque se lastimaba, se cansaba y sufría, llegó hasta el barco, lo enderezó, y alivió a su fruto. Le entregó de nuevo el timón, le consoló, le acarició, y regresó al mar.

Pero cuando iba hacia su barco, escuchó la voz de otro fruto que le decía:

—Madre, ven acá que mi barco está fallando. No puedo manejarlo sin ti.

Sin pensar más de una vez, cambió su rumbo, acudió hacia el barquito, lo enderezó, recuperó y consoló a su fruto. Puso sus manos sobre el timón de nuevo, y le mostró el camino que lo podía llevar a tierra firme.

Cuando se disponía a volver a su barco, la llamó el otro de los frutos, que también estaba en naufragio, y de nuevo ella fue, le salvó, e indicó el camino hacia la tierra firme.

Así se repitió muchas veces, hasta que en medio de las aguas furiosas, escuchó a su Padre eterno que le decía:

—Bella mujer, recuerda que tienes tú, tu propio barco y tu propio timón a la deriva.

La mujer volteó a alcanzar su barco y vio que ya no estaba. Y era tanto el desconsuelo y nadaba, nadaba y recorría las aguas... mas, no llegaba, ¡pues había perdido su barco!

Después de mucho tiempo y sufrimiento, enfermó. Entonces, Dios envió ángeles, que tomando los cuerpos necesarios, le acompañaron y le sirvieron como tablitas, de las cuales se sujetó, pudiendo flotar, acercarse, y nuevamente encontrar su barco.

Subió a él, ¡y le era todo tan desconocido y tan ajeno!, pues había sido mucha la distancia, y mucha la lejanía, y le costaba trabajo volver a tomar su timón.

Abatida y cansada, sintiéndose sola y triste, se arrodilló en su barco, y pidió a Dios que le enviara la luz.

Y el Padre Eterno en bello mensaje, le dijo:

—Mi bienamada hija, si sigues abandonando tu propio barco para salvar los barquitos de tus frutos, no habrás de permitir que ellos aprendan a navegar solos en las aguas que han escogido para navegar. Permíteles que sientan el miedo y el dolor del naufragio, y que elijan ellos salvarse y buscar la tierra firme, pues si lo sigues haciendo por ellos, no habrás de permitirles que aprendan a conducir con firmeza sus barcos hacia sus buenos caminos. Y mientras eso suceda, no habrás de seguir descuidando el propio timón de tu propia existencia, pues este barco tuyo te extraña, y la soledad que pesa sobre tu alma es la soledad que tú has elegido, al abandonarlo, para seguir sobreguardando los barquitos. ◆

Toma el timón de tu propio barco, y elige el camino que quieras recorrer en las aguas, hasta que encuentres tu más firme tierra y tu más dulce gozo. Firme tierra y dulce gozo que te esperan ansiosos, y esperan ansiosos el momento en que sientas merecer tu propia dicha, tu propio gozo, y tu firme tierra.

Un Hombre
que realmente era un ángel

Un hombre habitaba una casa en la que no abundaba la luz. Sin embargo, él vivía feliz, pues el jardín tenía una hermosa cascada, bellos árboles de dulces frutos, verde prado y lindas flores de miles de colores. Se sentía feliz allí, pues eso era lo que quería.

Sin embargo, empezó a molestarle una lucecita que aparecía por un orificio en la casa. Al final de la última grada, la luz entraba y le inquietaba. El hombre empezó a dudar si había de alejarse un poco de su cascada y buscar esa luz que le llamaba, le atraía, y le mostraba una entrada a un lugar muy bello.

Pero él se rebelaba, daba la espalda y decía:

—No ha de ser a mí a quien llama esa luz, y no he de sacrificar mi cascada, ni mi cómodo prado, las bellas flores y frutos deliciosos que obtengo sin esfuerzo, pues están plantados aquí, y míos son.

Empero, le siguió inquietando la luz que salía del pequeño orificio, y un día, un día en medio de su sueño, abrió sus ojos y observó en el orificio luminoso, al más dulce y bello de los ángeles que le llamaba. Pensó que era una visión de sus ojos, una imaginación de su mente soñadora, que no era a él a quien llamaba el bello ángel. Se acercó a su cascada y dio la espalda al ángel.

Mas, en amor, con el más lindo de los coros, el ángel continuaba llamándole y le decía:

—¡Éste es tu verdadero lugar y ésta es tu verdadera luz!

Pero el hombre no subía ni la primera de las escaleras.

De tanto y tanto llamado, el ángel decidió enviar mensajes. Al escuchar los mensajes, el hombre decidió empezar a subir las escaleras. Pero cuando iba en la mitad, se sentó y dijo:

—Es un poco esforzado subir estas escaleras. Tal vez sea más cómoda mi cascada y los frutos que están allí plantados para mí. Tal vez sea más cómodo el verde prado, y las flores de miles de colores. Este camino escalera a escalera... ¡es muy duro para mí!

El ángel, en amor le llamaba y con su voz le acariciaba. Y a este hombre le mantenía encantado el hermoso canto y la figura del ángel. Pero indeciso entre su cascada y el ángel, hubo de decidirse por la forma cómoda de no continuar subiendo empinadas escaleras. Entonces, respiró profundo y bajó una a una las escaleras, que ya había subido.

Cansado de escaleras, sudaba agitado y con mucho calor, corrió hacia su cascada para refrescarse, corrió y corrió, pero se estrelló con un fuerte muro, ya que la cascada, los árboles, el verde prado y las flores de miles de colores... ¡eran sólo pinturas puestas sobre un firme y frío muro!, pinturas que había hecho en momentos de sueños falsos... ¡sólo pinturas! Nada real.

Fue tan duro el golpe, tan dura la decepción, que cayó al suelo entristecido. El ángel descendió de las escaleras, le cubrió con sus alas y su amor, y a su oído cantó un dulce canto que decía:

—No temas a la luz... ¡pues de la luz has venido! No temas a la grandeza... pues ¡grande eres!

Con el cubrir de sus alas y el dulce canto de sus cantos, el hombre se levantó y subió de la forma más suave y bella, una a una las escaleras, hasta alcanzar la más hermosa de las luces, en la más sublime de las dichas, junto al más bello de los ángeles.

Y cuando alcanzó al ángel, se observó y sintió que también era él, un precioso ángel... que simplemente necesitaba de esta luz para reconocer su figura y sus bellas alas. ◆

Las Ovejas
que pidieron canoa

eunió el Creador a un grupo de ovejas, en una inmensa playa, para hablarles. Todas escucharon con atención la misión que les fue descrita, el camino que debían recorrer. Se les dijo:

—Han de atravesar ustedes este mar, y para ello han de buscar las canoas necesarias para atravesarlo. Cuando lo atraviesen, llegarán a un lugar donde solamente encontrarán arena, pero será una arena más pura que la que ahora están pisando. Después, llegarán a otro trecho que está plantado. de césped. Caminarán y atravesarán el césped, hasta que lleguen a otro lugar, que estará lleno de plantas, con bellas hojas y flores. Atravesarán ese sitio y llegarán a otro sembrado de pinos silvestres. Lo atravesarán y llegarán a otra zona llena de eucaliptos. Pasarán por allí y llegarán a un trecho sembrado con bellos ficus. Lo atravesarán y llegarán a un lugar donde estará el más majestuoso e inmenso árbol, que jamás se imaginen. Empezarán a subir por él y subirán rama tras rama, hasta darse cuenta de que las ramas son tan altas, que cuando se mueven con la brisa, acarician el rostro de Dios. Es por eso que si suben las ramas, verán el rostro de Dios, aún ¡sin desprenderse de esta encarnación!, pues las ramas los conducirán a cada uno, a unas iluminadas escaleras, y después de las escaleras, una puerta de luz, donde podrán encontrar el rostro de Dios.

Las ovejas entendieron perfectamente el camino y decidieron avanzar. Tomaron sus canoas, y fue fácil, pues las canoas tenían buenos remos y el mar les ayudó, impulsándolas. Rápidamente atravesaron el mar hasta que llegaron a un lugar de arena más pura, de la que antes estaban pisando.

Cuando estuvieron en esa arena pura, celebraron haber pasado el primer trecho. Siguieron avanzando y avanzando, pero notaron que al haber pasado el primer trecho, era un poco más difícil, el andar. Tal vez porque los pasos podían llevarlas a un mejor ascenso, tal vez porque las pruebas aumentaban. ¡Y se hacía más difícil el andar!

Mas, siguieron avanzando, se apoyaron, se tomaron de las manos, y así pasaron el trecho. Hasta que llegaron a un trecho sembrado de césped y celebraron estar pisando un hermoso prado... verde prado.

Continuaron ascendiendo, pero notaron cómo el ascenso se tornaba un poco mas difícil. Hasta que llegaron a un lugar sembrado de plantas con flores y bellas hojas... ¡pero se hacía mas difícil el andar!

Siguieron ascendiendo y acompañándose, hasta que llegaron al sitio sembrado de pinos silvestres. Entre los pinos, continuaron avanzando. A veces se estrellaban contra los troncos de los pinos... mas había quién les recogiese y levantase para que se sacudiesen el polvo y continuasen. Así, avanzaron y pudieron pasar el trecho de los pinos. Pero, ¡se hacía muy difícil el andar!

Continuaron avanzando y llegaron al lugar sembrado de eucaliptos, donde empezaron a contemplar el paisaje más hermoso, y a sentir el más tierno y dulce de los aromas... Mas, ¡se hacía más difícil el andar!

Sin embargo, notaban que entre más difícil era el andar, más bello el paisaje. Fue así como se apoyaron, se unieron, se empujaron, se levantaron y pasaron el trecho de eucaliptos.

Y llegaron al lugar sembrado de ficus... y allí se acercaban al majestuoso árbol... ¡aunque se hacía muy difícil el andar!

Sin embargo, llegaron al árbol y sintieron al Maestro. Así fue como empezaron a subir, rama tras rama. ¡Pero ahí sí que se hacía... más y más difícil el andar! Pero sabían ellos, que al culminar ese andar, habrían de contemplar el rostro de Dios, aún en esta encarnación.

Se hacía tan difícil el andar, que alguna de las ovejas recordó la canoa que les había servido para atravesar el mar. Pero el Maestro le dijo:

—Amor mío, bella alma y bella niña... la canoa fue el primer trecho. No has de reclamar canoas ahora, pues he fortalecido suficiente tus piernas y tus brazos, para que continúes tu andar.

Ella decía:

—No, Maestro... necesitamos un tiempo de paz y de tregua.

Y el Maestro le contestó:

—Mi infinito amor no conoce límites, ni fronteras, ni barreras. Si tú pides de pronto quedarte, sólo podría darte eucaliptos, o sólo podría darte ficus. Y si dices: «¡No más! Está muy duro el andar», sólo podría entregarte una florecita de una plantica, o una hojita verde, o simplemente un pedazo de césped, o una ramita de pino silvestre. Pero en mi infinito amor, quiero entregarte el rostro del Padre contemplándote, aún sin desprenderte de esta encarnación. ◆

Con infinito amor te acompaño y guío, y con paciencia te espero. Mas, no me pidas jamás, que me conforme con entregarte una rama de eucalipto, o de pino, pues por más olorosa y bella que sea, no es eso lo que tengo permitido para ti. Reconoce en la meditación, la gimnasia suficiente para que tus brazos sean tan fuertes para ascender en las ramas... ¡ y contemplar el rostro de Dios!

No me pidas jamás que acolite tu flaqueza, pues demasiada fuerza hay en ti. Decídete de una vez y sube a las ramas, en servicio al prójimo, en alimento espiritual, en el no juicio, en el dulce cerrar los ojos y sentir en tu corazón, esa paloma de oro y plata. Es lo único que os pido.

Ámense entre ustedes, amen a su prójimo como a sí mismos, y amen a Dios por sobre todas las cosas del mundo. Entreguen el amor en servicio y luz al mundo, cierren sus ojos en meditación, como alimento espiritual, sin otra técnica que la del amor, sin otro procedimiento que el del dulce llamado por su amado Maestro y por el amado Padre.

El Gusanito
aburrido de arrastrarse

Arrastrándose por la tierra, iba un ser que se contemplaba a sí mismo, como el más horroroso de los gusanos, diciendo:

—¿Por qué soy un gusano, condenado a arrastrarme por la tierra, a veces tan dura, a veces tan fría, a veces tan caliente, pero siempre... una horrible tierra?

Y cuando sentía que arriba de él había un lindo horizonte y seres vivos, caminando, volando y danzando, se preguntaba:

—¿Por qué?

Y seguía quejándose, sintiéndose mal de ser un gusano...

Se acercó a un lago y se reflejó en él, pero era tan limitado su andar, que cayó al agua y sufrió porque se ahogaba. Mas, de pronto, las mismas aguas, más frías que la tierra fría de la que se quejaba, y más dolorosas, pues no le permitían respirar... las mismas aguas en duro vaivén y en mucho dolor, le llevaron hasta una roca. Cuando llegó a la roca, sintió gratitud por poder respirar, pero poco le duró, pues volvió a quejarse diciendo:

—Ya ni siquiera puedo arrastrarme por largos trechos, pues estoy en una pequeña roca entre las aguas... ¡Qué infortunado ser! ¡He de morirme de hambre!

Y de tanto y tanto quejarse... de nuevo volvió a caer a las aguas. Y nuevamente sufrió tanto y tanto dolor. Pero las mismas aguas le llevaron hasta un precioso valle. Al llegar, sintió gratitud y dijo:

—Puedo de nuevo arrastrarme por grandes trechos, respirar y buscar las hojitas que me alimenten.

Y entonces sintió la más profunda de las aceptaciones, y la inmensa gratitud de ser... ¡un gusano en tierra!

En medio de la gratitud y la aceptación, se contempló, y vio algunos cambios, ¡pero muchos cambios en su figura de gusano!... ¡Había más pelos que los que antes había! Y había unas extrañas antenas, brotando.

Entonces se sintió tan bello y enaltecido, pensó que su gratitud y su aceptación le habían embellecido con unos pelitos, y que los pelitos no le permitían sentir frío.

Siguió avanzando, cantando y silbando, alimentándose de hojas y ramitas. Se balanceaba en las ramas como en un columpio, y disfrutaba su vida de gusano.

De pronto en una altísima rama, sintió que ésta se quebraba y tuvo tanto miedo, porque creyó que de nuevo iba a caer. Efectivamente, la rama se quebró y el gusano cayó. Pero cuando estaba descendiendo, se dio cuenta... ¡que tenía alas!, que podía volar y alcanzar nuevamente la copa del árbol. Voló y voló hasta que llegó a la roca que un día le rescató su vida.

Cuando se posó sobre ella, se reflejó en el lago, y se contempló como la más hermosa de las mariposas de colores, dueña del más bello vuelo. Y se dio cuenta ¡que jamás había sido un gusano! Que sólo era una larvita, en espera de su proceso de revelación, hacia una hermosa mariposa de colores brillantes, ¡tan brillantes, tan brillantes!... como las luces de los ángeles, y las luces del reino de Dios.

Así fue como levantó su vuelo, y en vuelo ascendió a los cielos, y cantó a los ángeles, y se confundió con los coros, y se acercó al rostro de Dios, y le mostró sus colores. ◆

Aprende desde mi infinito amor, que aunque te sientas, te veas y actúes como un gusano, y te arrastres muchas veces por la tierra y sus riquezas, tal vez seas sólo una larva en proceso... ¡hacia la más bella revelación de tus alas!

El Camaleón
acostumbrado a esconderse

Sobre la tierra, existía un ser. Este ser ¡quería tantas cosas! ¡Ansiaba tantas cosas! Pero se juzgaba y criticaba a sí mismo. Se escondía, pues no quería dar la cara al sol con sus sentimientos, pensamientos y acciones.

Se creía ese cuento de la moral, cuando lo único verdadero era que tenía que amar a Dios por sobre todas las cosas y a su prójimo como a sí mismo, pues su compromiso con el Padre, es el compromiso con su prójimo, manifestación del Padre en la tierra.

Pero se escondía... escondía su vida, escondía sus deseos, escondía sus sueños, escondía la forma como había elegido buscar el amor físico, forma respetada siempre por el Padre. Se escondía siempre y se sentía tan menos... que se contempló como el más feo de los reptiles.

Cuando se acercaba a un grupo que predicaba la moral, este reptil tomaba el color del grupo y se volvía verde, como verdes eran los trajes de quienes hablaban de moral. Entonces decía:

—Sí!... soy, sólo un camaleón, y he de esconderme con los colores de quienes ante mis ojos de camaleón lleguen, pues he de tomar esos colores de camaleón.

Así fue como llegó hasta otro grupo que predicaba otra moral... Y él, indeciso, inseguro, cual veleta, tomó un color azul, como azules eran los trajes de quienes predicaban otra moral. Y escondió sus anhelos, sus deseos, sus sueños, sus pensamientos, se avergonzó de tener sus propios anhelos... y tomó el color azul, que jamás deseaba. Mas, luego siguió ascendiendo en su camino de reptil.

Llegó hasta otro grupo de personas que predicaban otra moral, y el reptil tomó el color de los trajes de esas personas. De nuevo, el camaleoncito se vistió de amarillo, para esconderse entre las personas y pasar como una de ellas... pero ése no era su verdadero color.

Cansado de esconderse y disimular sus anhelos, disimularlos en sueños buscados, lastimando su cuerpo. Disimulando en sueños, ilusiones y depresiones profundas que lastimaban su corazón y su alma... pues sólo le decían: «¿No te sientes orgulloso de mí acaso?».

Un día, entonces, abrió su boca, y de su boca salió la más larga de las lenguas... ¡lengua de camaleón! Entonces, dijo:

—¡Sí!... definitivamente soy sólo un camaleón. Puedo mirar esta larga y fea lengua, que me ha sido dada para alcanzar el alimento, pero me avergüenzo de ella, me avergüenzo de mi cuerpo, y me avergüenzo de arrastrarme, como un camaleón.

Entonces, el Dios de los cielos, que tanto y tanto le amaba, le envió los ángeles precisos para que hablaran a sus oídos, y ellos se cansaban... pues le llamaban y no acudía... no acudía.

Mas, una cosa sí le gustaba, y entonces le fue enviada la dulce misión de servir, ya que, aunque no se había dado cuenta, había nacido como servicio y había crecido como servicio.... y el servicio era lo único que le acercaba.

Cuando percibió y escuchó el mensaje, el Padre Eterno le dijo:

—Aquí estoy, mi bienamado hijo, presente con mi amor.

Entonces, miró hacia el Padre y le dijo:

—Padre Eterno, ¿por qué me has hecho un camaleón? ¿Por qué tengo que tomar diferentes colores, hasta olvidar cuál es mi propio color? ¿Por qué tengo que esconderme, en el verde de las ramas, en el rojo de las rosas, en el amarillo del sol, en el azul de las aguas, hasta olvidarme de mi propio color? ¿Por qué he de tener esta larga, larga lengua?, dícese que para alcanzar mi alimento, mas no estoy contento, Padre Eterno, con ser un camaleón.

En infinito amor, el Padre le abrazó, le cargó como a un niño en el dulce arrullo, y le dijo:

—¿Quién te ha dicho a ti que eres un camaleón? ¿Quién te ha dicho que eres un reptil que ha de arrastrarse? Tú te has puesto al nivel de la tierra para esconder quién eres, y te has puesto de diferentes colores, para esconder tus propios anhelos, tu hermosa forma de ser en la tierra, y esa lengüita que ves tan larga... ¡no es ninguna lengua larga!, es sólo que a veces mi bienamado hijo, un poco resentido, caes en el juicio, y hablas más de lo que habrías de hablar. Hablas tanto que te contemplas con larga lengua, mas no tienes larga lengua. Los colores que tomas son sólo los colores que frustran tus sueños y te frustran en soledad de compartir con el mundo, tu luz. Y la larga lengua es a veces el juicio, o a veces... esa palabra de más mi hijo, que te gusta poner en cada cosa. Esa palabra de más, que si te la guardas, acorta la lengua que ves.

Cuando hubo entendido, regresó nuevamente a la tierra, y se presentó pleno y bello, con sus sueños y anhelos, ilusiones y metas. Y dejó de criticar a quien también tenía sus propios sueños, anhelos, ilusiones y metas. Y dejó de poner la palabra de más. Y cada que guardaba una palabra de más... su lengua se acortaba, se acortaba, se acortaba... hasta que quedó como la más bella de las lenguas.

Y se contempló en un lago, y vio que tenía una

lengua perfecta, pero podría alargarla si volvía a poner palabras de más. Entonces dijo:

—Yo soy luz en el mundo también. Soy hijo de Dios, hijo privilegiado, perteneciente a un grupo de ciclo kármico, privilegiado en mensaje. He de reconocer mi misión de servicio, he de reconocer mi luz, que durante muchos años, ha encendido velas y corazones. ¡Y yo soy, quien ustedes ven, y éste es mi propio color, y ésta es mi propia identidad, y ésta es mi propia y dulce forma de ser! Forma de ser desde la que amo y honro al Padre Eterno, pues no he de lastimarme más, tomando colores diferentes, y no he de lastimarme más soñando con mundos diferentes, pues éste es mi mundo real, que tengo para compartir en amor con ustedes.

Cuando decía estas palabras fue tomando un bello color, se contempló y vio que le envolvía una luz pura y blanca, pues blanco y puro era su color. Y desde ese blanco, podía contemplar con más equilibrio y belleza, el azul de los mares y de los lagos, el rojo de las rosas, el amarillo de los girasoles, el azul de los cielos y el verde de los campos. Mas... su propio color, ¡era el más intenso de los blancos!

Miró al Padre Eterno, y con sonrisa le dijo:

—Padre, benditos sean los camaleones. Los bendigo y reconozco que jamás fui uno de ellos, pero también sé que tengo el libre albedrío de ser camaleón... o de ser, ¡el más grande de los hombres! ◆

Los Dos Cielos
y la difícil elección

Confundida por la dura misión de sacar adelante su familia, dueña de belleza y juventud, una mujer enfrentó el reto de la vida y observó que encima de ella, había dos cielos diferentes.

Uno de ellos tenía, no muchas, pero sí tenía estrellas y una dulce luna. Pero el cielo cambiaba, porque a veces desaparecían la luna y las estrellas, y aparecía un radiante sol.

Había otro cielo ¡tan lleno de estrellas!, que era como una sola luz. Y no se apreciaba luna ni sol, pues siempre estaba lleno de estrellas.

En el cielo donde había luna, sol y pocas estrellas, había un duro camino de ascenso, escalón tras escalón, fuerza tras fuerza, sacrificio tras sacrificio, para alcanzar cada una de las estrellas. Mas, en el otro cielo, ¡era tan fácil llegar a las estrellas, tomarlas y bajarlas a la tierra!

Confusa ella, eligió el camino fácil, tomar de forma fácil las estrellas. Se alejó de ese cielo con sol y luna y con dificultades para alcanzar cada estrella, ¡y llegó al otro cielo tan lleno de estrellas!

Entonces vio que fácilmente sus amistades le involucraban en diferentes negocios, trueques y conversaciones. Empezó a bajar las estrellas y a ponerlas en la tierra. Y las estrellas se multiplicaban como riquezas... mas, las riquezas se representaban en bienes que lastimaban al prójimo.

El dinero llegó y abundó... pero no estaba limpio, pues salía de la desgracia y el dolor. Y fueron muchas las familias y los seres que lloraron la tragedia de esas estrellas y ese dinero.

Fueron muchos quienes perdieron sus hijos, perdieron su vida en la lucha por las estrellitas, entregaron y sacrificaron su moral, sus principios, sus corazones y sus almas. ¡Y sacrificaron a Dios en esa lucha por estrellas!

Veía la mujer, qué fácil bajaba las estrellas, aumentaban sus bienes y sus riquezas, aumentaban las cenas, el glamour, la elegancia, las ropas, las joyas y los viajes... fruto del dolor y el llanto de sangre, ¡de muchos!

Cada que bajaba una estrella, quedaba un hueco oscuro en ese cielo, pues extrañamente, la luz se perdía. Pero en su afán, bajó ¡tantas y tantas estrellas!, que de pronto se vio un poco en oscuridad, pues las estrellas se habían regado en la tierra y se habían manifestado en unos bienes, ¡que carecían de luz!

Sin embargo, siguió bajando y bajando estrellas, y cada que arrancaba una estrella en compañía de sus amigos, sus trueques y negocios, cada que la bajaba... ¡desprendía y desgarraba en dolor a muchos! Y ese dolor se manifestaba ¡en oscuridad profunda y plena!, en el cielo que ella contemplaba.

No tardó en llegar el día en que había bajado ¡todas las estrellas de ese cielo! Y cuando las bajó todas, la cubrió la más triste de las soledades... ¡y la más triste de las oscuridades! Entonces, dijo:

—¡No, Dios mío!... he de buscar en la tierra, aquí y allá, todas las estrellas, he de volverlas a poner una a una en el firmamento.

Se fue buscando las estrellas... mas, las estrellas huían de sus manos, se desparramaban en la tierra y no podía alcanzarlas. Tenía miedo y soledad, pues estaba con sus frutos, ¡tan sola y tan triste!... ¡con tanta oscuridad!

Y no encontraba las estrellas que había perdido...

De pronto, encontró una, mas algún suceso de la vida pareció arrebatársela. Luego encontró otra, y llegó el más furioso de los huracanes y se la arrancó de sus manos... ¡La soledad y la oscuridad eran cada vez mayores!

Entonces le fueron enviadas en su vientre las más bellas almas, que eligieron cuerpos que brotaron de ese vientre, y cuando brotaron, esas almas tomaron esos cuerpos, para con sus ojos mirarle y decirle:

—Madre... tal vez vayas por el camino equivocado. No sólo somos tus hijos, somos almas y ángeles que hemos venido, para con nuestros ojos contemplarte y decirte: «Hay otro camino y otro lugar con luz».

Entonces, con ese llamado del calor de su vientre ahora, y de ese dulce mirar en sus hijos, ella pidió tanto al Dios de los cielos:

—Padre eterno, quítame la angustia, la zozobra y la soledad. ¿Qué he de hacer? ¿Adónde he de ir? ¿Qué camino he de tomar? ¿Por qué esta sensación de vacío... si tengo mucho, si tengo todo lo que podría pedir? Mas, ¿por qué me sigue cubriendo y persiguiendo este cielo de tinieblas?

Y el Padre le dijo:

—No, mi bella hija, no es ningún cielo, nunca ha sido un cielo, nunca será un cielo. Fue un cielo que construiste, creaste y adulaste, pues hay quienes en la tierra adulan a un dios dinero, sin importar qué hay que hacer para honrarle. Y ese no es un cielo real, pues el cielo no es finito, el cielo es infinito, como infinita es la luz de las estrellas... Mas, tus afanes te llevaron a pasarte del real cielo, a buscar un firmamento imaginario, cuyas estrellas estaban y cuyas estrellas arrancaste... pero también se acabaron y llegaron las tinieblas. Regresa al real cielo, porque tal vez sea difícil el camino hacia cada estrella, pero grandes serán los premios y grande será la gloria...

cuando asciendas y tomes cada estrella.

Empezó ella a ascender, uno a uno los escalones, con esfuerzo, con trabajo honrado, con tanto sacrificio y tanta fe. Y empezó a amar a su prójimo y a servir a su prójimo y a servir a Dios.

Y se dio cuenta, que después de un trecho de esfuerzo, alcanzó una estrella. La tomó en sus manos, y vio que la luz se multiplicaba, tanto en el cielo como en la tierra, pues esas reales estrellas ¡jamás perdían su luz!

Cuando se desprendían del cielo, descubrían una luz más intensa y más bella. Y cuando las llevaba ella a la tierra, iluminaban la tierra de hermosa manera, pues en el real reino de Dios, jamás hay tinieblas, y la luna se va, solamente para que salga el maravilloso sol, y el sol se va, solamente para que salga a refrescar la más bella de las lunas. ◆

Aunque veas pocas las estrellas... siéntete capaz de multiplicarlas.

Aunque veas difícil el camino... siéntete firme para seguirlo, pues grande es Quien te ha de recibir al final del camino y ha de verter sobre ti las bendiciones y los premios.

No has de sentir juicio, ni pecado, ni castigo, pues en el lenguaje de Dios no hay juicio, ni pecado, ni castigo... sólo un dulce llamado, como un canto a tu oído que te dice: «Amado hijo, no era por ahí».

Y regocíjate por tu sensación de vacío y de angustia, pues son sólo la antesala a la sensación de plenitud y de gozo.

Si la confusión te llevó a pasarte al real cielo, que el dolor después de la confusión te lleve a quedarte en éste... ¡tu verdadero cielo!, con estrellas, sol, luna... y ángeles perfectos para ti.

El Espejo
y su reflejo

lguna vez, en un bello valle, alguien se paró frente a un espejo, observó la imagen... ¡y la imagen era fea!

Estaba un poco nublado y sucio, y no entendía muy bien cuál era la imagen que observaba. Entonces decía:

—¡Qué sucio! ¡Qué feo y nublado lo que veo!...

Se esforzó por mirar, y entonces vio que lo que estaban percibiendo sus ojos, era también una persona. Entonces dijo:

—¡Qué persona tan nublada, tan sucia y tan fea!

Y siguió contemplando la imagen que tenía frente a sus ojos. Y esforzándose más, pudo ver su rostro y vio que estaba un poco torcido. Entonces siguió observando y dijo:

—¡Qué torcida cara! ¡Qué fea persona! Parece con un ojo más pequeño que el otro, o parece que sus ojos no encuentran hacia dónde mirar... ¡Qué feo! Afortunadamente y gracias al Padre, mis ojos están mirando, como yo quiero que miren.

Observó más y dijo:

—No sé si tenga orejas, parece no tener orejas.

Y luego dijo:

—Mira... ¡Mira qué orejas tan grandes y feas! ¡Qué fea imagen, qué fea persona! Debería retirarse de mi vista... ¡pues bello soy! No han de contemplar mis bellos ojos ¡tan feo personaje!

Luego observó más y dijo:

—¡Qué fea boca, torcida y sin dientes! No ha de presentarse ante mí ¡tan fea persona!...

Siguió observando el cuerpo y dijo:

—¡Qué feas manos, brazos y piernas! ¡Qué gordo éste, que se ha presentado ante mis ojos!

Mas, luego observó más y dijo:

—No, parece que ha adelgazado más de lo que debía adelgazar. ¡Qué feo está! Igual, con cada movimiento, siempre es ¡tan feo! Debía ser esto o aquello, debía ser como yo, hablar como yo, comportarse como yo, y debía ser tan bello... como yo soy.

Entonces, sintió tanto rechazo, que levantó su enérgico brazo y lanzó un puño contra el ser que se presentaba ante sus ojos. Cuando lanzó el puño, mucho dolor sintió y sangre corrió por su mano. Pues se cortó con un cristal que era solamente... ¡un espejo!

Y se dio cuenta, de que todo el tiempo se había contemplado ¡a sí mismo!

Entonces dijo:

—¡Ah!, era un espejo dañado, un espejo tan sucio, que a veces me veo gordo o flaco... cuando mi figura ¡es perfecta! A veces veo mis ojos mirando en diferentes direcciones... cuando sé hacia donde miran. A veces no veo orejas, a veces sí... cuando tengo ¡tan perfectas orejas! A veces no veo dientes, a veces sí... cuando tengo ¡tan perfecta boca, con tan perfectos dientes! ¡Es un espejo dañado y malo! He de destruirlo, para mirarme en uno que refleje perfectamente mi belleza.

Y cuando iba a destruir el espejo, desde los cielos, un ángel le dijo:

—¡No! mi bienamado, no eches la culpa al espejo, cuando eres tú quien tiene la cara torcida. No es el espejo el sucio, eres tú quien tiene la cara sucia. No es el espejo el que transforma tus labios, tus dientes, y tus orejas... pues eres tú, quien está transformado tu propia belleza, en fealdad.

Y continuó:

—He de explicarte paso a paso: tus ojos, cuando ves que miran en diferentes direcciones, es sólo el reflejo, de cuando miras por el rabillo del ojo, para juzgar a tu prójimo, olvidándote de que eres ¡tan divino como él! Y además te olvidas de mirar tu propia morada, por estar juzgando y criticando... las moradas ajenas. Entonces, haces que tus ojos se tuerzan, y se tuercen ¡tan feo!, y es tan desagradable ver como los tuerces, que es por eso que en amor, el Padre te ha enviado este espejo, para que mires lo desagradable de tus ojos, cuando los tuerces, mirando por el rabillo del ojo a tu prójimo.

—Cuando ves que no tienes orejas... es sólo el reflejo, de todos los momentos y las veces, en que te niegas a escuchar, a quien con amor te llama, y a quien con amor te busca y te dice: «Tengo algo para ti». A quien con amor te informa que hay algo que haces, con lo que le lastimas. Y te niegas a escuchar la palabra de un hermano, y te sientes perfecto, y olvidas tus propias orejas, y tus propios oídos.

—Y cuando ves grandes orejas... es sólo el reflejo de ti mismo, de todas las veces en que estás metiendo las orejas, pretendiendo escuchar lo que nadie te ha pedido que escuches, olvidándote de escuchar tus propios sonidos, y el propio y dulce canto de tu Maestro interior, por irte a escuchar conversaciones y temas que no son tuyos, y que solamente hacen que tus orejas se vuelvan ¡tan grandes!, tan grandes y tan feas, que tan desagradable ha sido para ti... mirártelas.

—Cuando observas tu boca deforme... es sólo el reflejo de ti mismo, cuando juzgas a tu prójimo, y de tu boca sale como fuego y veneno, y sacas tus palabras tus juicios y tus calificativos. Descalificas a tu prójimo, lo insultas, lo injurias, lo oprobias, hablas de él a sus espaldas, te reúnes en corrillos, y haces, y haces y haces reuniones... para hablar de tu prójimo. Así, tus bellos labios pueden verse ¡tan feos, tan feos! ¡Tan desagradablemente feos!... que a ti mismo te dolió observártelos.

—Y cuando ves tus manos deformes... son todos los momentos en que te has olvidado de dar de tus propias manos a tu prójimo, de dar un abrazo, calor, un pedazo de pan, abrigo, medicina, consuelo, o de simplemente entregar tu mano, para que un ciego pueda pasar por una calle. Cuando tus manos se quedan vacías... sin dar, tus manos se ven ¡tan deformes, tan desagradablemente deformes!... que tú mismo rechazaste mirártelas.

—Así mismo, tus piernas, se ven ¡tan deformes!, como el reflejo de todos aquellos momentos en que desandas tu camino, en que vas hacia atrás, cuando juzgas a tus hermanos, cuando te juzgas a ti mismo como perfecto, y juzgas tu propia imperfección en tu juicio. ¡Mira como tú mismo puedes hacer que tan bello cuerpo se vea tan feo y tan deforme! Mas, siempre que veas fealdad y sientas rechazo en tu prójimo, observa tu propio rechazo y tus defectos, defectos llamados por ti; mas, para el Padre Eterno son sólo reflejos de tus desandares. Y el Padre te enviará los cristales y las experiencias necesarias para que observes y reconozcas tu propia belleza... belleza enaltecida, destacada, y engrandecida. ◆

Cuando amas a tu prójimo como a ti mismo, serás bello. Cuando juzgas a tu prójimo, también lo juzgas como a ti mismo. Cuando rechazas a tu prójimo, estás rechazando al Padre de tu prójimo, que es tu propio Padre.

Y cuando odias e injurias a tu prójimo, las injurias son devueltas por los cristales de los espejos.

Pues el amor te enaltece y te acerca, el amor es aquel bello conducto e ingrediente puesto por Dios en cada uno, y sólo el amor ha de mover las fuerzas del mundo. Sólo el amor ha de unir a los hijos de Dios, haciendo del mundo de Dios, un mundo que le honre a Él.

Mas, no será posible el amor, mientras haya el juicio por tu prójimo. Bendito sea tu bello cuerpo, como bendita sea tu bella alma. Embellece tu alma, para que tu cuerpo refleje esa belleza. Y aquieta tus juicios, y el desandar, para que tu cuerpo también se embellezca más.

Pues cuando observes que hay algo feo, es sólo el reflejo de algo que haces. Es real y grande tu belleza, pues el Padre Eterno no ha de crear nada, que no sea ¡tan bello!, como bello es su amor por ti.

El Servicio
acelera tu andar

Un grupo de personas ascendía con esfuerzo una montaña que estaba hecha de escalones.

Uno de ellos subía escalón tras escalón. Quería llegar pronto a la meta, y llevaba suficiente distancia. Su paso era ¡tan firme!, que le auguraba un pronto llegar a la cima anhelada.

Siguió ascendiendo, con ¡tan firme paso, sin ningún cansancio y con absoluta fortaleza! Mas, de pronto, observó en un escalón que había un niño tirado, desfallecido y cansado, que no había podido continuar su andar. Sabía que detenerse para ayudarle era retrasar su llegada. Vaciló, pensó, escuchó su propio corazón, y decidió auxiliar al niño. Entonces, se agachó, le cubrió con amor y besos, le dio agua de su cantimplora, le dio alimentos que llevaba en su espalda, y luego le cargó.

Y al cargarle era más lento, más lento su andar... mas no le importaba que fuese más lento, con tal de poder socorrer al niño.

Siguió ascendiendo, escalón tras escalón, a paso más lento, hasta donde había un anciano desfallecido. Entonces, dijo:

—Ya socorrí al niño, tal vez no pueda socorrer a un anciano.

Mas, escuchó el sonido de su propio corazón, se detuvo y dijo:

—No importa, cuánto más tarde en llegar a la meta. No he de pasar sin socorrer a este anciano.

Se acercó, le cubrió con amor y besos, le dio su calor, agua de su cantimplora, alimento que cargaba en su espalda, le auxilió, socorrió y le cargó. Y al cargar al anciano, como ya cargaba al niño... era mucho, pero mucho, pero mucho más lento su andar. Mas, seguía firme pensando: «No me importa, no me importa, cuánto más he de demorarme. No he de pasar sin auxiliar al anciano».

Y siguió tan lento, tan lento, hasta que de pronto encontró que su hermano de sangre se había quedado también a mitad del camino. Entonces le dijo:

—Tú si eres sano, tú si eres fuerte, tú no eres un niño, ni eres un anciano. ¡Ánimo! y continúa, mi hermano de sangre.

Pero el hermano no podía continuar. Entonces se devolvió y le dijo:

—No importa, no importa cuánto más me demore en llegar a la cima, he de auxiliarte.

Entonces le socorrió, y le entregó su calor, y le

entregó su amor, le colmó de besos, le dio agua de su cantimplora, y alimento de su morral, le auxilió, le socorrió, y sanó.

Ya en su hombro, también llevaba a su hermano, como en otro hombro llevaba al anciano, como en su espalda llevaba al niño... ¡Y su andar era muy lento, mucho más lento hacia la cima! Mas, no le importaba que se demorara en llegar, con tal de poder socorrer y auxiliar.

¡Tan cansado, tan cansado se vio!... que hubo de detener su andar y dijo:

—¡No importa!, no importa. Estamos tal vez, cerca de la cima. No importa. Hemos de descansar, y no importa cuánto hemos de demorar. Mas, no he de abandonarles y he de seguir cargándoles, aunque tenga que dar un paso y detenerme cinco, para descansar.

Se sentó con su hermano, con el anciano y con el niño, a descansar. Veía cómo todos seguían ascendiendo... y pasaban y pasaban. Tal vez sentía un poco de recelo, pues hacía mucho que podía estar en la cima. Mas, al contemplar a su hermano, al anciano y al niño, se enorgullecía y se sentía muy feliz de estar allí, auxiliando y socorriendo a su prójimo... aunque se hiciera más lento su andar.

Se quedaron dormidos, recostados uno sobre otro, porque era mucho el cansancio. Cuando estaban descansando en ese lugar, un enorme pájaro dorado descendió de los cielos, y les invitó a subir. Entonces, después de subir al niño, subió al anciano. El bello escalador, le preguntó:

—Pájaro dorado, ¿puedes con ellos? Son desvalidos y primero has de llevarles. Si no puedes, yo he de continuar cargándoles, mas, no he de marcharme solo, sin ellos.

El pájaro asintió, y el escalador hubo de entregarle a su hermano también. Al entregarlo, le dijo:

—¿Pájaro dorado, puedes tú con él? ¿Puedes seguir tu vuelo y ascender con ellos? Pues yo estoy sano, y puedo subir los escalones que me faltan.

El pájaro dorado abrió su pico, y de su pico salió el más dulce coro de ángeles que le dijo:

—No, mi bienamado hijo, he sido enviado por el Padre para llevarte en mi vuelo hacia Él, porque aunque hayas considerado que el socorrer a tu prójimo ha detenido tu andar... he de recordarte, que el servicio, ¡siempre acelera tu andar! Y es por eso que ya no has de caminar, ni de subir con tus piernas, sino que has de volar mi propio vuelo, y más rápidamente de lo que soñaste, el servicio mi bienamado, te llevará a tu Padre.

Y así fue como subió al pájaro, voló y voló. Y más rápido de lo que había soñado, estuvo reunido con su Padre Eterno. Pues el servicio, le había acelerado su paso... contrario a lo que pensaba. ◆

El servicio jamás te detiene.

El servicio jamás te hace lento.

El servicio jamás descansa, y jamás te quita camino.

El servicio... ¡sólo acelera tu andar, hacia el más bello de los premios!

La Pajarita
sobreprotectora

Alguna vez había un bello pájaro, con su pajarita, en un hermoso nido, y del nido brotaron dos bellos pajarillos. Uno de ellos estuvo listo y tomó su propio vuelo. A veces se estrellaba un poco y volvía, la pajarita le acariciaba y sanaba sus alas, y luego le enviaba nuevamente... hasta que pudo volar.

Mas, notaba ella, que su vuelo jamás le alejaba del nido, pues volaba y luego regresaba a él.

El otro pajarito se mostró un poco débil y al tratar de volar, cayó. Entonces, la pajarita bajó, sanó sus alas, volvió y lo subió, y en su pico le dio el alimento, luego lo cargó y lo llevó, para que no tuviera que volver a intentar el vuelo.

Algún día, quiso por sí mismo volver a volar... mas, nuevamente cayó. Ella bajó y le auxilió, curó sus alas, le cargó y le llevó en vuelo, le dio alimento en su pico, lo auxilió, y de nuevo le dijo:

—No has de intentarlo por ti solo. Yo he de volar por ti.

Cuando la pajarita se cansaba, enviaba al gran pájaro, para que auxiliara al pajarillo y volara por él.

Un día, partieron el pajarito y la pajarita, y el pajarillo se quedó en el nido. Cuando volvieron, el pajarillo había destruido el nido, pues nadie le había enseñado a construir sus propios nidos, y no encontraba valor en este nido.

Cuando le regañaron y le dijeron: «¿Por qué has destruido el nido?», no encontraba importancia, pues él no sabía el duro trabajo que había en recoger pajita tras pajita, para construir un nido. Nadie le había impulsado a que trabajase para construirlo, y a él no le importaba. Le parecía que sus pájaros padres podían hacer tantos nido, como él destruyera, porque no había importancia en el trabajo, ni había importancia en recoger de las pajitas. Entonces les dijo:

—¡Qué importa! Construyan otro para mí.

Y la pajarita y el pajarito se fueron a recoger pajita tras pajita, y jamás le pidieron que recogiera él sus propias pajas, para reconstruir el nido que había destruido. Lo hicieron por él... y construyeron nuevamente un nido.

Y fue así, como les destruyó ¡tantos nidos como quiso! Y fue así como cayó y cayó. Hasta que un día la pajarita dijo:

—No puede ser. No puedes destruir más los nidos. ¡Has de irte de este nido! ¡Has de irte!, porque sólo traes destrucción.

Mas, él no entendía, porque siempre lo habían hecho por él. Y les dijo:

—¿Cómo quieren que me vaya, si no me dan un nido donde vivir? ¿Cómo quieren que me vaya, si no levantan las pajas y construyen un nido de mansión, para mí? ¿Cómo quieren que me vaya, si no vuelan por mí, o traen pájaros para que me lleven, y traen pájaros para que me traigan? Pues yo no puedo solo, ¡ustedes siempre lo han hecho por mí! ¿Por qué han de cansarse ahora, y desconocer que soy su hijo?

Entonces la pajarita llorando, no sabía qué hacer, y buscó refugio en su compañero de nido. Buscó refugio en sus hermanos pájaros. Y buscando y buscando, entendió que simplemente había de impulsarle a que supiera lo que era el duro trabajo de recoger pajita tras pajita para construir su propio nido, con esfuerzo... y tal vez valorar así el nido, ¡que él mismo construyera! Y para hacerlo habría de lanzarlo al vuelo, y él habría de levantarse, si cayera.

Y él habría de levantarse, ¡tantas veces cuantas cayera!, sacudirse el polvo y nuevamente intentar volar. Y al volar buscar las pajas, y al encontrar las pajas, buscar un lugar donde hacer el nido, y al encontrar el lugar, construir su propio nido y cuidar de su nido, ¡como jamás ha cuidado del nido, que jamás se ha esforzado en construir! ◆

En esta Parábola, hube de entregar la margen de la responsabilidad, que ha de enseñar a tus frutos, otra margen que unida al servicio, ha de construir... margen de respeto en el libro de tu vida.

La Vecina
que miraba con envidia

Una bella mujer construyó su propio viñedo. Hizo los cercos, aró la tierra, levantó una casa, y preparó otro lugar, donde podía plantar hortalizas y diversos frutos.

Mas, había quien le observaba desde una casa vecina, y con envidia decía:

—¿Cómo es que tan rápido puede construir?

Entonces, cuando su vecina, cansada de trabajar, se durmió, salió ella y con furia, abrió su boca, y de su boca brotó fuego que incendió todo lo plantado.

Al salir el sol, se levantó la bella mujer, y contemplando todo su terreno arrasado por el fuego, lloró y lloró... Ya no tenía viñedo, ni hortalizas u otros frutos. Pero llevó ovejas, reses y cabras, les construyó un hogar y les dio alimento.

Cuando se retiró a descansar, la envidiosa vecina abrió su boca, y de su boca de envidia salió fuego, y el fuego quemó una a una las ovejas, las reses y las cabras.

Al amanecer, se levantó la bella mujer, y vio todo su ganado arrasado por el fuego. Lloró y lloró... pero no se rindió, y todo el día trabajó haciendo un lago. Al lago llevó peces y vida, trabajando... ¡arduamente!

Cuando se alejó a descansar, quien la observaba con envidia, se acercó al lago, y abrió su boca, de su boca salió fuego, y el fuego fue tan fuerte, como fuerte era su mala intención y su envidia, que logró evaporar toda el agua del lago, y quemó uno a uno los peces.

Al salir el sol, se levantó la bella mujer y contempló todo arrasado nuevamente por el fuego. Y lloró y lloró, lloró durante días y días. Y, quien la observaba con envidia, se sentía feliz, pues decía:

—No había de tener ella, lo que a mí me falta, pues mientras yo me muero de hambre porque no tengo un fruto, ni una hortaliza, ni tampoco una res, un pedazo de carne o de pez, ni tampoco una uva, no he de quedarme aquí contemplando, cómo otra multiplica sus riquezas. He de asegurarme, acercándomele, que no tenga otra intención, pues si la tiene, volveré a arrasarla... con el fuego de mi boca.

Se acercó a ella y le dijo, hipócritamente:

—Mi bien amada vecina, ¿por qué estás llorando tan tristemente? He venido a consolarte y a socorrerte. ¿Qué fue lo que te sucedió?

Entonces la buena mujer, le contó una a una sus desgracias. La otra le respondió:

—No te preocupes, vienes tú de una familia que

trae siempre riquezas y alimentos a tu puerta... ¡jamás te falta el alimento!

Y la bella mujer le miró a los ojos y le dijo:

—Yo sé que nunca me falta el alimento. Sé que siempre tengo quien golpee a mi puerta y me entregue riquezas y alimento, pues vengo de una familia enriquecida que comparte conmigo sus riquezas. Pero es que mi dolor, mi bienamada vecina, ¡mi inmenso dolor!, es porque todo lo que había sembrado y puesto, era para entregártelo y regalártelo a ti. Contemplo con tristeza tu pobreza, y siempre pienso que he de hacer algo por ti. Es por eso, que me he esforzado para entregarte este terreno cultivado y enriquecido. Mas, mira cómo el fuego, me ha impedido servirte en amor. ◆

El Sembrador
amigo de la mente

Una vez, un sembrador compró unas semillas. Puso los bultos en la tierra, entró a su casa y buscó aparatos para calcular... ¡cómo habría de plantar la semilla! Desbordó su mente en análisis, pensó y pensó, multiplicó y restó, sumó y dividió.

Cuando encontró la fórmula mental perfecta para sembrar, salió con hojas y hojas de operaciones, dispuesto a la siembra. Mas, su sorpresa fue grande, cuando vio que unos pájaros habían roto los costales. Y ya no había semillas, pues, ¡todas se habían dispersado con el viento!

Entonces se encerró, multiplicó y sumó, dividió y restó, buscando la fórmula perfecta para adquirir nuevamente semilla. Y otra vez trajo los bultos, pero en esta ocasión, los aseguró con sogas a los árboles y puso un alambrado, para que los pájaros no pudieran romper los sacos y dispersar la semilla. Cuando la tuvo protegida, entró a su casa... de nuevo sumó, restó, dividió y multiplicó... y pensó y pensó, desbordando todo su análisis, para encontrár la fórmula perfecta de sembrar la semilla.

Mas, de pronto, hubo un fuerte aguacero, luego una inundación. El sembrador salió corriendo, ¡pero no podía desatar los nudos rápidamente! Ya las aguas estaban cubriendo los sacos, además se chuzaba con los alambres que había puesto para proteger la semilla de los pájaros. Y no pudo... no pudo rescatar las semillas. De nuevo las perdió, ahora en la inundación.

Su mente... ¡para nada le había servido! Ese parloteo de la mente, ¡había sido su peor enemigo! Y sólo se le pedía, que con corazón llevara su semillita, con amor la sembrara, con amor la regara, para que viera cómo brotaban de ella los más bellos frutos. ◆

T u mente, no ha de ser quien señale las fórmulas. Pues la única fórmula perfecta en tu vida es ¡EL AMOR! Que tu amor te permita sembrar la semilla que has recibido, para verla brotar, en frutos, pues si llevas tu semilla, la piensas, la sumas, la divides, la restas y la multiplicas... tal vez veas que los pájaros la hacen volar, o tal vez veas que el agua la puede perder.

Mas, si simplemente con tu amor, llevas la semilla que has recibido, la siembras y la riegas, verás brotar ¡inimaginables frutos!

Los Frutos
desperdiciados

Un hombre llamó a sus hijos a la mesa, al momento de la cena. Había recogido con esfuerzo, apetitosos frutos de fértiles árboles: manzanas, peras, duraznos, piñas, ciruelas y uvas.

Sentados todos a la mesa, empezaron a decir:

—¿Para quién habrá puesto papá esta manzana? Ha de ser para ti. ¿Para quién habrá servido papá esta ciruela? Esta ciruela no es para mí, está muy pequeña para mi boca.

Y otro decía:

—Está muy grande esta pera para mi boca, ha de ser para ti, que tienes la boca más grande.

Otro tomó la piña y dijo:

—Mi padre no me habría puesto una piña, para que tuviera yo que pelarla... Esta piña ha de ser para ti, pues tú sí debes hacerlo.

Y empezaron a tirarse los frutos, porque estaban seguros de que no habían sido servidos para ellos. De pronto tomaban alguno, le daban un mordisco y saboreaban un poco, pero luego lo soltaban, diciendo:

—No, esta fruta no es para mí, ha de ser para él, que apenas está empezando a comer sólido. Yo creo que para mí son frutas más grandes y más jugosas... o tal vez no frutas, sino ¡otros manjares! Pero estas pequeñas e insignificantes ciruelas, estas uvas, estas piñas, estas manzanas y peras...¡ya no son para mí!

Así era como despilfarraban, desperdiciaban, se tiraban entre ellos mismos los frutos, y luego se sentaban a esperar a que llegara la próxima comida. El padre recogía otra vez, con esfuerzo y amor, los frutos de los árboles... uno a uno. Subiéndose a las copas, a las ramas, bajando los frutos, contemplándolos dichoso, y diciendo:

—¡Qué bellas ciruelas he encontrado para mis hijos! Cuando las lleve a la mesa, estoy seguro de que ellos compartirán con amor, darán cada mordisco y tomarán cada bocado, en amor y gratitud. Y compartirán esta ciruela que es para todos. Tal vez tomen sus navajas, las afilen y vayan quitando las cascaritas, para después saborear la fruta.

Cuando la mesa estuvo servida, sus hijos dijeron:

—Otra vez trae frutas, deben ser para ese mendigo que está acercándose a nuestro hogar... Porque a nosotros, ¡ya nos han dado muchas de éstas! Pobrecito, mendigo hambriento. Entreguémoselas.

Y salieron, con sus dedos señalando, cuál era para ellos el hambriento. Uno decía:

-Mira, ése tiene hambre.

Y el otro:

—No, el de acá tiene más hambre.

Y otro:

—Éste está desfalleciendo de hambre. ¡Mira cuán escuálido está!

Así, fueron despilfarrando los frutos, dándoselos a quienes ellos creían, tenían más hambre que ellos.

Esto se repitió comida tras comida... a la hora del desayuno, del almuerzo y de la cena... Y todos los frutos, que con trabajo y amor recogía el padre, eran tomados y medio saboreados, mas luego entregados, a quien quiera que pasase, mientras ellos seguían esperando manjares, aves y peces.

Pero de pronto, empezaron a sentir mucha hambre. El hambre se fue apoderando de sus estómagos. Entonces, se sentaron a la mesa, llamaron al padre y le dijeron:

—¡Padre!, ¿por qué tardas tanto con la cena?

Y el padre les dijo:

—Porque está mal la cosecha, mis hijos. He salido muchas veces, mirado los árboles... pero, ¡no encuentro frutos!

Débiles, ellos le rogaron:

—Por favor, padre, trae aunque sea una ciruela, una uva, un pedazo de piña... pues estamos muriendo de hambre.

Él les preguntó:

—¿Qué ha pasado con tantos frutos y tanta abundancia?

Los hijos le miraron y dijeron:

—¿Acaso eran para nosotros, padre?... Pensamos que tú los enviabas para que diéramos de comer a los hambrientos.

El padre les miró con amor, y les dijo:

—¿Acaso no estáis vosotros hambrientos? ¿Quién entonces habrá de traer los frutos para calmar vuestra propia hambre, ahora? Vayan y busquen las semillas, para plantarlas con sus manos y puedan brotar los frutos, nuevamente.

Salieron a buscar en cada rincón de la tierra, para intentar recuperar las semillas. Encontraron algunas... otras habían sido regadas por el viento. Pero estaban aún más hambrientos, casi desfallecidos. Se acercaron al padre, y le dijeron:

—Aquí están las semillas, padre, por favor, ¡siémbralas tú!

Él les dijo:

—Siémbrenlas ustedes, riéguenlas ustedes, para ver brotar los frutos.

Le preguntaron ellos:

—¿Por qué padre?... ¿Por qué no lo haces tú?

El padre, en amor les dijo:

—Lo he hecho ya muchas veces, durante muchos años. ¿No creen que han de ser ustedes ahora, quienes obsequien algún fruto a su padre? ¿No creen que han de ser ahora ustedes, quienes pongan la mesa y la sirvan para su padre? Entiendo que tal vez no lo hagan, porque suponen que como ustedes lo hicieron, su padre también habrá de despreciar los frutos. Mas, en amor les digo, que si un mínimo pedazo de uva ponen sobre mi mesa, bendeciré que son sus manos, las que han hecho brotar ese pedazo de uva, y lo comeré , como el más apetitoso de los manjares. ◆

¡Quien quiera oír que oiga!... ¡Quien quiera ver que vea!...

Y mientras oyes y ves, has de entender, que es mi amor infinito quien te habla, y mi amor infinito, quien te quita la venda de los ojos, para que no te pierdas lo apetitoso del mensaje y lo apetitoso del manjar, lo apetitoso del fruto, mientras juegas a acomodar los frutos en otras bocas, y las bocas de ustedes... ¡se quedan sin fruto!

Y el fruto que pido, como muchas veces he pedido que siembres para el Maestro... ¡Es el silencio de la meditación y del llamado!

Es sólo eso el fruto que pido que siembres...

Y cuando recojo los frutos y sirvo tu mesa, añoro contemplar que saborees los frutos que he servido para ustedes, y continuaré añorando que los saborees.

Mas algunos son los obstáculos para saborear los frutos...

Uno de ellos, el dedo que se levanta, buscando en qué boca, acomodar el fruto.

Y otro de ellos, la mente que se levanta diciendo: «¿Será verdad este fruto, o tal vez será un espejismo, o tal vez será ilusión de mis ojos que están viendo, ciruelas donde no hay ciruelas, manzanas donde no hay manzanas, piñas donde no hay piñas?».

Mas yo les digo en amor, que si tus ojos quieren

continuar ciegos, tampoco tu boca podrá saborear ningún fruto...

Como el más generoso de los padres, el Padre envía el fruto para que sea compartido por todos, y no envía un fruto para que sea compartido y saboreado por tres, ni por dos, ni mucho menos tragado por una sola boca..

Busca, adonde has acomodado los frutos. Recupera los frutos y saborea los frutos... para que se alimenten más. Para que más alimentados, tal vez puedan empezar a sembrar... ¡en gratitud por su Padre!

He de llamarte, a que te alimentes, con los frutos que tu Padre sirve en tu mesa. Pues si no tomas ese alimento, tal vez llegue el momento en que quieras alimentar al prójimo, y no tengas fuerzas para hacerlo.

Cuando mastiques, saborees y tragues el alimento servido para ti, este alimento se multiplicará en sabiduría, y saldrá hecho palabras, para que alimentes a tu prójimo.

Mas, si dejas pasar el alimento, te quedarás sin él, y no encontrarás forma de continuar alimentado a tu prójimo

No has de olvidar... ¡que es mi amor infinito el que te habla! Como no has de olvidar, que mi amor infinito continúa hablando para ti.

El Humilde Ser
que cuidaba las rosas

Había un hermoso y dulce ser... dueño de bondad, belleza, entrega, nobleza, servicio y aceptación, que habitaba en un rosal. Las rosas se le acercaban y le decían:

—¡Quítame las espinas!

Y él se inclinaba, quitaba sus espinas, aunque sangraba un poco mientras lo hacía. Al quitarlas, contemplaba la rosa, lloraba y decía:

—¿Cómo no puedo ser yo tan bella rosa?

De nuevo se acercaban las rosas y le decían:

—¡Quítame las espinas!

Y otra vez quitaba las espinas, se lastimaba, pero más le lastimaba pensar que no podía ser una bella rosa. Contemplaba los hermosos colores de las rosas y se preguntaba:

—¿Cómo puedo ser yo solamente un instrumento para quitar espinas? ¿Cómo no puedo ser yo una rosa?

Escuchó una voz desde el cielo que le dijo:

—No solamente has de quitar espinas, debes también alimentar las rosas con agua.

Un poco cansado, sin embargo obediente, tomó un balde y empezó a regar, una a una, las rosas en el rosal. Y mientras lo hacía, se preguntaba:

—¿Cómo puedo ser yo aquí el único instrumento para echar agua sobre cada una de las rosas del rosal?

Pero siguió haciéndolo, cuando escuchó una voz que le dijo:

—También has de podar los rosales, quitando las hojitas que no sirvan.

Y lo hizo con amor, pero se preguntaba:

—¿Cómo puedo ser yo, el único instrumento que pueda quitar las hojitas que no sirvan en las rosas de los rosales?

Mientras cumplía con su labor, echando el agua, quitando las espinas, hojas y malezas, un día encontró que pasaba por allí un hermoso arroyuelo. Entonces quiso refrescarse en el agua, y al entrar en ella, nuevamente escuchó la voz que le dijo:

—No te quedes mucho en el agua, pues tal vez puedas ahogar tus pétalos.

Asombrado, el humilde ser dijo:

—¿Cuáles pétalos?

La voz le contestó:

—¿Acaso no te has dado cuenta, que eres tú, la más grande y bella de las rosas del rosal?... ¡Tan grande y bella, tan premiada, sin espinas!, que has tenido tú, la dulce misión y la dulce tarea de quitar las espinas de las otras *rositas* del rosal, y de alimentar con agua, las otras *rositas* del rosal, y de quitar las malezas de las otras *rositas* del rosal... mientras tú, ¡gigante rosa!, sigues contemplando y disfrutando de la más eterna dicha y de la más eterna belleza. ◆

Jamás dudes de tu belleza... mientras no te hayas detenido a buscarla.

Jamás te quedes observando y añorando la belleza de otros... mientras no te has tomado el tiempo de observar en la meditación, ¡tu propia belleza!... y en el silencio, ¡tus propios pétalos y tus propios colores de rosa!

La Felicidad
que quería ser comprada

Alguien quería encontrar la felicidad. Se había dedicado a ahorrar dinero para comprarla, trabajando duramente.

Fue por todos los lugares, almacenes, tiendas, mercados... pero no había nadie quien le vendiera la felicidad. Nadie tenía la felicidad en venta. No era ese un producto conocido por ningún comerciante. Y aunque ella tenía muchas monedas de oro para pagarla, no había nadie quien pudiera ofrecerle en venta, la felicidad...

Se preguntaba:

—¿Por qué? ¿Por qué podía comprar finas ropas y muebles... pero, no podía comprar algo tan sencillo, como la felicidad?

Y los mercaderes le decían:

—¡Qué pena! No tenemos ese producto en venta.

Y buscaban en sus inventarios y bodegas, mas no encontraban la felicidad.

Se fue entonces adonde aquella que adivinaba

el futuro y la suerte. Sentándose, le dijo:

—Vengo a pagarte para que me vendas la felicidad.

Ella le dijo:

—Yo, sí que tengo, para venderte la felicidad.

Puso su bola de cristal, tiró sus naipes, lanzó al viento sus humos, preparó todos los bebedizos y líquidos, para que ella encontrara la felicidad. La mujer se fue con un costal lleno de pócimas, se las untó, bebió y se bañó con ellas... Mas, no encontraba la felicidad.

Volvió entonces donde la adivina y golpeándola, le dijo:

—¡Qué estafadora y farsante!... no me has dado la felicidad, ¡devuélveme mis monedas de oro! Me has estafado.

Entre golpe y golpe, ella le contestó:

—Este es mi trabajo, estafando al mundo. Eres tú la tonta que ha venido a buscar felicidad, donde sólo hay naipes, humos, bolas de cristal y pócimas. Y para darte la ilusión de que en algún lugar existe la felicidad, te vendo mis pócimas, mis líquidos, te tiro los naipes, y te lanzo los humos, y pongo la bola de cristal para ti. Mi trabajo es decirte, que es posible que en algún lugar esté la felicidad... mas, ¡qué voy a darte yo felicidad!

Se fue ella muy triste, hasta que encontró un dulce niño que le dijo:

—Yo conozco a alguien que conoce la felicidad. Vive en una choza humilde y dícese que entre tantas y tantas cosas que posee en esa choza, tiene la felicidad.

Pidió ella la dirección, y se fue por caminos, atravesó montañas y mares, desafió todos los climas, las distancias, pero llegó a la choza de aquel que en alguno de sus bienes... ¡tenía la felicidad!

Y entró a la choza, encontrando a un hombre humilde. Le tomó en sus brazos, le tapó la boca, le amarró sus manos, y le dijo:

—Vengo por la felicidad.

El hombre, con dulces ojos, la miró, y aún con su boca tapada, le dijo:

—Busca, busca, busca la felicidad... ¡Busca sin descanso, la felicidad!

Se quedó mirándolo ella y le dijo:

—¿Cómo es que amarro tus brazos, y sigues con ojos de felicidad?

Y le dijo él:

—Porque aún con los brazos amarrados, y aún con esta dura soga entre mi boca, mira cómo puedo ver el dulce sol, cómo pueden los pájaros seguir cantando, yo puedo continuar respirando, el corazón sigue latiendo... ¡No me has robado la felicidad!

Entró ella y desordenó la choza. Sacó ollas, platos, vasos, cucharas y cuchillos. Encontró unas humildes y rotas cobijas, y tambien las sacó. Dejó la choza vacía, salió mirando al anciano humilde, y le dijo:

—Entre todos estos harapos y estos humildes trastos, tengo que llevarme la felicidad.

Se fue ella, mas no tardó mucho en volver. Volvió y amarró las piernas del anciano y le dijo:

—No me llevé sino harapos de tu choza, mas no me llevé la felicidad.

Entonces fue quitando una a una las paredes, puertas y ventanas de la choza. Quitó el techo y se llevó cada una de las partes.

El anciano miró a los cielos y dijo:

—¡Qué pesar, no poderle dar a esa señora esta hermosa luna! Esperemos que con la choza encuentre algo.

Mas, no tardó mucho en volver, y cada vez más triste y furiosa, tapó los ojos del anciano y le dijo:

—¡Entrégame con tus ojos la felicidad!

Y el anciano le dijo:

—Continúo respirando y latiendo mi corazón, continúo escuchando el dulce canto de los pájaros. Y la brisa... la brisa me sigue acariciando. Aunque no puedo ver, conozco muy bien la luna y las estrellas, y sé que debajo de mí, iluminándome, también está la tierra, llena de frutos y riquezas. Y algún día brotarán los frutos para mí.

Aterrada ella, con la felicidad del anciano, le golpeó, y le dijo:

—Anciano rebelde, ¿cómo puedes tú seguir hablando de felicidad? ¡Entrégame con tu llanto y dolor... la felicidad!

Pero el anciano, después de cada golpe, le decía:

—Bella niña... ¡busca la felicidad! Sigue buscándola, sin descanso.

Cuando estuvo golpeado y tirado en la tierra, le dijo ella:

—¿Has decidido entregarme la felicidad?

Y el anciano le dijo:

—No puedo entregarte la felicidad... no puedo entregártela, mas ¡sigo sintiendo la felicidad!...

Furiosa, ella le dijo:

—¿Cómo puedes tú, sentir la felicidad? ¿Cómo puedes tú, ver belleza? ¿Cómo puedes tú, imaginarte lunas y estrellas, si te he quitado la choza, he amarrado tus brazos y piernas, he vendado tus ojos y tapado tu boca?

El anciano le dijo:

—Querida mía, porque la felicidad, no son los ojos, ni la boca, ni los oídos, ni los brazos, ni las piernas. ¡La felicidad es la forma como miras, la forma como hablas, la forma como escuchas, la forma como abrazas y la forma como sientes latir tu corazón! ◆

La felicidad sólo está en ese lugar que está debajo... debajo de lo que envuelve tu alma. A la felicidad has de buscarla en tu propio corazón y has de contemplar todos los horizontes y paraísos, con los ojos de la felicidad, que sólo son ¡los ojos del **AMOR!**

Pero no puedes quitarle la felicidad al Maestro, porque Él sigue mirándote con ojos de amor... mientras tú a veces lo miras con ojos de reproche y odio.

Y no sólo al Maestro, mira al mundo y mírate con ojos de amor, descubre en tu corazón ¡tu propia felicidad!

No hay ningún lugar dónde buscarla, ni ningún mercado dónde comprarla, ni tampoco nadie... nadie a quien robarla...

La felicidad... ¡sólo está en tu corazón!

Los Muros
que ocultaban la luz

Un hombre fue enviado por Dios en dulce misión. Cuando llegó a la tierra, se vio aprisionado, ensombrecido y triste... pero no entendía... por qué, pues a su alrededor había un precioso y cristalino lago... al lado del lago, palmeras a cuyos troncos se ataban hamacas... al lado de las palmeras, un cielo de estrellas... al lado de las estrellas, dulces y hermosas flores de colores... y al lado de las flores, apetitosos manjares.

Sin embargo, todo esto le aprisionaba y entristecía, pues se veía en oscuridad, y no entendía... por qué no llegaba la luz.

Un día sintió sed y se arrojó en el lago. Mas, al meterse, mucha arena llegó a su garganta y a sus pulmones. ¡Pues era un espejismo!... ¡Un espejismo, sobre la arena!

Enfermo y dolido por la arena en su garganta, quiso entonces descansar en una de las hamacas. Pero al lanzarse a ella, se golpeó con un fuerte muro... ¡pues las hamacas estaban sólo pintadas en el muro! Y al voltearse de nuevo a la arena, vio cómo ésta se había levantado gigante... como otro muro.

Quiso entonces bajar estrellas, buscando la felicidad... mas, al bajarlas, se desgarraban otros, en dolor. Y alguien bajaba estrellas para él, mas, al bajar cada estrella, un coro de dolor quedaba aturdiendo sus oídos. Bajándolas, todo quedó como un tercer muro.

Fue entonces a buscar las caricias de los pétalos de flores, pero tampoco fueron flores, pues al arrancar cada flor, gritos de rabia brotaban del muro... Le quedaba sólo saborear los manjares. Al buscarlos y pretender tocar la mesa donde estaban servidos, ésta crujía y se movía con furia.

Fue así como se vio entre cuatro muros... ¡cuatro gigantes paredes! Y sintiéndose entre ellos, escuchó el más dulce de los cantos... un canto acompañado de silbidos que le llamaba desde afuera de los muros. No sabía quién era. Pero imaginaba la belleza de quien cantaba, pues escuchaba la más preciosa de las voces.

Acostado en el suelo, miró hacia arriba y vio que en lo alto se había posado un bello ángel que le miraba a los ojos. En ese momento se produjo un diálogo en el alma del hombre. Una voz le decía:

—Este es tu verdadero lugar y has de seguir a este ángel.

Empero, otra voz le decía:

—¿Cómo vas tú a pretender seguir a un ángel? Quédate sentado entre tus cuatro paredes.

Pero el ángel descendió, y entre más descendía y se acercaba, el hombre podía contemplar más de cerca la belleza... y le cautivaba.

Cuando estuvo frente a él, sintió que no podría desprenderse de sus ojos, fácilmente. Y el alma del ángel decidió iluminarle y acompañarle con su mirada, hasta el final.

Entonces, el hombre le dijo:

—Grande es mi dicha de haberte encontrado, quédate a mi lado y acompáñame en mi soledad, pues habito en medio de estas cuatro paredes... y triste estoy. Pero, ahora tú has llegado, y tu luz y amor me llenan de regocijo...

El ángel le miró con amor y le dijo:

—No he venido para quedarme entre cuatro paredes. He venido a mostrarte la forma de que derribes uno a uno los muros, pues tu tarea no es estar entre cuatro muros.

Así fue como derribó el primero de ellos. Y al derribarlo, el ángel le susurró al oído diciéndole:

—Has derribado el muro de las falsas imágenes, pues no era verdadero el lago, ¡era sólo ilusión y falsa imagen!

Continuó así y derribó el segundo de los muros. Al derribarlo, el ángel le susurró al oído:

—Has derribado el muro de la quietud. Pues has de saber que sí hay mucho por hacer, y no has de quedarte quieto, conformándote con muros. Pues tu misión y camino, ¡no está entre muros!

Y el hombre empezaba a sentir la luz en su rostro, pues entraba más fácil, habiendo derribado dos muros. Fue así como buscó el tercer muro... y también tomado de la mano, pudo derribarle. Y al derribar ese tercer muro, el ángel le susurró diciéndole:

—Has derribado el muro de la felicidad superficial, pues esas tontas estrellas, ¡no son la felicidad! Has de buscar la felicidad mas allá, en lugares más profundos, como profundo es tu corazón.

Regocijado por recibir más luz, continuó con tesón, al cuarto de los muros. Y al derribarle, el ángel le susurró diciéndole:

—Has derribado el muro del fuerte carácter, para poder sentir la paz, en el viento que te toca.

Derribados todos los muros, se dio cuenta que estaba sobre un gran terreno estéril. El ángel le dijo:

—Cualquier terreno es estéril, cuando falta el amor. Derrama sobre el terreno el amor, y verás que es fértil tierra.

Y así llegaron otros ángeles, otras almas y celebraron la libertad sin muros. Y este hombre tomado de la mano, empezó a sembrar el más fino y bello césped en la fértil tierra. Cuando terminó de sembrarlo, con servicio y entrega al prójimo, no quiso decirle a su Padre: «Terminé y tengo para Ti este césped». Porque habiendo conocido el servicio y la entrega, prefirió decirle:

—Padre, voy a plantarte los más bellos jardines. Entrégame Padre, la fuerza para sembrar para Ti, azucenas, lirios, margaritas, rosas y girasoles. Quiero sembrar con amor, y que Tú puedas contemplar sobre el césped, el colorido de los jardines. ◆

Cada uno ha de preguntarse, cuánto abona el terreno, para que sean posibles los jardines. Cuánto lucha contra los muros para encontrar la felicidad. O cómo permite que los muros se levanten y obstruyan todas las riquezas que el Maestro tiene para ofrecerte.

Cómo Llegar
a la copa del árbol

En algún tiempo y en algún lugar, unos hermosos hijos se pararon al frente de un altar, que se encontraba en la copa del más inmenso árbol, cuyas ramas tocaban el rostro de Dios. Observando el altar, quisieron saltar hasta él.

El primero de ellos, tomó impulso y saltó... pero, poca altura alcanzó y cayó al suelo, golpeándose. Adolorido, fue levantado por sus hermanos de alma, que le sanaron las heridas y lo pusieron en pie.

Otro de ellos, dijo:

—Soy experto saltarín, yo sí alcanzaré ese salto, pues he estudiado y he leído. He hecho ¡tanto y tanto!, que sé la forma exacta de saltar.

Sacó y estudió sus libros, tomó medidas y se preparó para el salto. Al saltar, cayó al suelo y golpeó su cuerpo. También fue levantado por sus hermanos, que le pusieron en pie, le sanaron y le consolaron.

Entonces, otro dijo:

—¿Qué tal si nos unimos, te paras tú abajo, me

subo yo en tus hombros, otro en los hombros míos, y así vamos escalando?

Formaron una escalera humana. Sin embargo, ésta se derribó, y cayeron uno sobre el otro.

Otro dijo:

—¿Qué tal si traemos una escalera de metal y con ella podemos subir?

Trajeron una escalera fuerte y resistente, mas, se peleaban por cuál de ellos iba a subir de primero.

El Padre, que no celebra jamás la discordia, pues cuando hay discordia entre hermanos, hay lágrimas de sangre en los ojos del Maestro, viendo entonces la pelea por quién subía primero la escalera, lloró, y con sus lágrimas, la escalera se deshizo. Y cayeron al suelo. Estando allí, alguien desde el altar, les dijo:

—Amo vuestra compañía y deseo inmensamente que lleguen hasta acá, pero han de observar que este altar se ha establecido sobre la colina. Descubran las graditas que hay en ella. No traigan ni formen escaleras. Las gradas han sido puestas ya, sólo han de subirlas una a una. Obsérvenlas y súbanlas una por una.

Se acercaron y observaron la precisa escalera para ascender al altar. Y en dulce guía y en dulce amor, el Maestro les mostró los escalones y les dijo:

—El primero de ellos es el *Amor*... Ama al Padre por sobre todas las cosas del mundo, y ama a tu prójimo como a ti mismo.

—El segundo de ellos es el *servicio*. Sirve a tu prójimo, hazle sentir que sirves a tu Padre, como el Padre sirve para ti. Sirve los días, las noches, sirve al viento, los mares, el aire que respiras, las estrellas y a la luna, y sirve en tu corazón, la felicidad.

—El tercer escalón es la *aceptación*. Acepta a tu prójimo y acéptate en tu corazón. Acepta la voluntad del Padre, es el más sabio camino. Y no has de quejarte, exigiendo caminos diferentes, pues debes aceptar. Cuando pides que el Padre obre en ti... ¡acepta y ama sus obras!

—El cuarto escalón es la *humildad*. Sabia palabra y alto escalón que has de ascender, cuando sirvas sin buscar reconocimiento. Asciendes cuando sirves sin buscar figurar. Asciendes cuando sirves solamente por servir al Padre, sin importar si tu nombre se conoce, o tu figura es halagada. Que te baste con que tu Padre, desde el Reino, halague tu servicio... y necesitas más reconocimiento, que el de Él.

—El quinto escalón es la *gratitud*. Antes de buscar nuevas fronteras, agradece lo que se te ha servido. Que la gratitud te acompañe, regocije tu alma y te engrandezca.

—El sexto escalón es la *unión*. Porque serán más sabios con sus manos unidas. No permitan que broten lágrimas del Maestro, cuando se desunen las manos.

—El séptimo escalón es la *entrega*. La entrega en el dar, la entrega al Padre y de sus vidas al servicio.

Y concluyó el Maestro:

—Cuando subas uno a uno los escalones, habrás de disfrutar el altar. Mas no te entorpezcas, ni te afanes con saltos. Pues no has de pretender llegar al último escalón sin haber subido los primeros. ◆

El amor infinito del Maestro está presente en tu corazón, para que entiendas la mejor manera de llegar hasta Él. Quien quiera oír, que oiga; quien quiera ver que vea.

La Mujer
que daba la espalda al mar

Sentada en la arena, estaba una bella mujer, mirando a los cielos, decía:

—¿Dónde está el mar? No veo sino arena. ¿Dónde están las olas, los peces, las algas marinas y las conchas, que pueda poner en mi oído para escuchar los dulces cantos del mar? ¿Dónde está todo eso? ¿Dónde las riquezas? ¿Dónde el agua? ¿Dónde la sal? Estoy sentada en una playa, y no veo más que arena.

El Padre, desde el cielo, le contestó:

—Estás sentada hija mía, tan cerca del mar, sólo tienes que voltearte, pues has elegido sentarte, dando la espalda al mar. ¿Cómo pretendes ver agua? ¿Cómo pretendes ver riquezas marinas, si elegiste sentarte muy cerca... pero dándoles la espalda.

Y continuó:

—Te entrego las riquezas marinas, las olas y los peces, el agua y la sal. Pero no me pidas que también te cargue y te voltee, para que los veas. Algo has de hacer en este plano físico. Yo me encargaré de seguir poniendo para ti, más riquezas marinas, pero mueve tu cuerpo y encuéntralas con tus ojos. No me pidas que te cargue y te voltee para verlas.

La mujer giró suavemente su cuerpo y de pronto, sus ojos se llenaron de lágrimas, al apreciar toda la hermosura del mar abierto. ◆

Es el infinito amor del Maestro el que te habla en tu mensaje, y te pide que lo acojas con tu amor. No te quejes ni te duelas de no encontrar el mar, cuando te sientas dando la espalda a él.

Que sigan siendo vertidas para ti las riquezas, y que tus ojos se posen en ellas.

Entonces, se prenderá la fiesta en tu corazón.

El Hijo
llamado amor

Una vez, el Padre envió a su hijo a un desierto enorme. Y llegando el hijo al desierto, dijo:

—Padre, ¿por qué has elegido enviarme a un desierto? ¿Por qué no a un bello bosque? ¿Por qué no a una playa con un mar azul? ¿Por qué no a campos con flores? ¿Por qué no a un lago cristalino? ¿Por qué has de enviarme a un desierto?

Y el Padre le dijo:

—Sólo avanza, mi bienamado hijo, y toca cada parte del desierto.

Él se inclinó y tocó un fragmento, al tocarle apareció el más cristalino y hermoso de los lagos. Siguió avanzando y tocó otro fragmento... y al tocarle apareció el más tupido y bello bosque. Siguió avanzando y tocó otro fragmento... y al tocarle apareció el más majestuoso océano. Siguió avanzando y tocó otro fragmento... y aparecieron los más floridos y coloridos jardines. Siguió avanzando y tocó otro fragmento... y al tocarle se llenó de vida. Y había aves, reses y había ovejas.

Y siguió avanzando y tocó otro fragmento... y apareció el más bello sol. Siguió avanzando y tocó otro fragmento... y apareció la luna para refrescar. Siguió avanzando y tocó otro fragmento... y hubo nubes. Y tocando las nubes, cayó la lluvia que alimentó todo esto. Siguió avanzando y tocó otro fragmento... y todo se llenó de vida, y de almas en bellos cuerpos.

Entonces, una de las almas, envuelta en un bello cuerpo, le preguntó a quien tocaba todo:

—¿Cómo te llamas tú?

Y, quien todo lo tocaba, contestó:

—Me llamo amor...

—¿Y de dónde vienes tú?

Y, quien todo lo tocaba, contestó:

—Vengo del amor.

—¿Y adónde vas tú?

Y, quien todo lo tocaba, contestó:

—Voy al amor.

—¿Y para qué has venido tú?

Y, quien todo lo tocaba, contestó:

—He venido para amar. Esa es la única razón y la única repuesta que encontrarás. No importan las preguntas que hagas, pues soy el amor y lo que toco... ¡cobra vida eterna! ◆

Tanto y tanto amó Dios al mundo, que envió a su hijo, para que quien le siguiese y creyese en Él, no pereciese, no terminase... ¡y tuviese vida eterna!

Piensa, vive, siente en y con amor. Ama todo lo que te rodea. Exprésalo con acciones diarias. Así podrás descubrir, cómo hasta el más árido de los desiertos puede transformarse en un paraíso.

El Árbol Presumido
y el musgo parásito

Nació un bello árbol, en un verde campo. Se levantó con sus ramas, se fue llenando de frutos, y algún día sintió entre su tronco, una extraña presencia de la naturaleza. Mirándose, dijo:

—¡Oh! ¡Ha nacido en mi tronco un musgo!

Y las ramas, que tenían la capacidad de hablar, descendieron un poco y le dijeron:

—Tú has nacido en mi tronco, vives y te aferras a él, no puedes existir sin él, porque yo soy el árbol y tú sólo el musgo que vive de mí. ¡Aférrate bien!, porque si te desprendieras, morirías. ¡Aférrate bien!, para que puedas alimentarte. Y empieza a adorarme, ¡pues de mí depende tu vida! Soy tu luz, tu alimento y tu vida, tu sostén y firmeza, tu base, tus vigas y tus pilastras... ¡Soy todo para tí!

Avergonzado, el musgo se miraba y decía:

—¡Soy sólo un pobre musgo! ¡Mira que lindo este tronco, ¿quién pudiera tenerlo? ¡Mira qué lindas ramas! ¡qué fuertes ramas y como las admiran! Mira cómo desfilan las personas frente al árbol. Y nadie, nadie se da cuenta que tiene musgo. Y si de pronto se da cuenta de mí, solamente alguien dice: «El tronco tiene algo de musgo». Pero mira como todos, todos admiran al árbol y a mi casi ni me ven. ¡Soy un pobre musgo!, que he de prenderme a este tronco, para no morirme. He de adorarlo y entregar todo lo que nazca en mí, envolviéndolo. Conmigo y mi existencia, haré que no le dé frío y le cuidaré, le entregaré toda mi vida, y lo que soy, pues sin él nada... ¡nada soy!

Escuchando esto, el árbol dijo:

—Tendrás que seguirme adonde quiera que vaya, tendrás que adorarme y bendecirme, cantar para mí, dar discursos en mi honor y ser siempre sumiso, pues ¡yo soy el árbol y tú sólo el musgo! Todos contemplan mi belleza, mis ramas y frutos, y tú, eres sólo un parásito aferrado a mi tronco. Por mi bondad, ¡por mi gran bondad y mi gran servicio!, te permitiré que existas, aferrándote a mi tronco.

Aunque el árbol se fue encariñando con el musgo, siempre lo veía sólo como musgo. Y le decía:

—¡Aliméntate de mí, pues tengo ricos frutos. Recibe este sol que me baña, pues no creas jamás que el sol viene a bañar un musgo, el sol viene a bañarme a mí y como yo te permito que existas aferrado a mí, puedes bañarte tú también con un rayo de sol.

El musgo recibía el rayito de sol y después decía:

—¡Aleluya, aleluya al árbol! ¡Bendito seas,

bendito seas! He de servirte siempre agradecido, porque me permites existir... ¡Aleluya, aleluya, mi árbol!

Cuando el sol se iba y salía la luna, el árbol le decía al musgo:

—Puedes disfrutar un poco de luz de luna, pues la luna se pone para maravillarse con mi grandeza y belleza de árbol. Puedes tú recibir un poco de esto, sólo si sigues aferrado a mí.

El musgo recibía un poco de luz de luna y decía:

—¡Aleluya, aleluya al árbol! ¡Bendito seas, por permitirme este poco de luz de luna y bendito el momento en que pude prenderme de ti! Y que nada, ni nadie me permita soltarme, pues sin tí... ¡no existiría!

Transcurrieron los días, los soles y las lunas. Un día, el musgo empezó a palidecer... Ya no era verde su color, ya no era tersa su consistencia, ya no era suave al tocarse, pues moría y moría, cada vez más...

Entonces, el musgo dijo:

—¿Qué pasa, qué pasa, mi árbol? ¿Qué pasa, que puedo morir? He empezado a palidecer, tengo sed, deseo un rayo de sol y un poco de luz de luna. ¿Qué pasa, mi árbol, que no recibo nada?

El árbol le dijo:

—¿Acaso has dejado de honrarme? ¿acaso has empezado a honrar a otros? ¿Acaso te has sublevado y te has rebelado, alejádote del tronco? ¡Mira bien, qué es lo que haces!

Y el musgo lloraba en silencio. Un día escuchó un niño que se acercaba y decía:

—¡Cómo se ha puesto de feo el árbol!... ¡Se ha secado totalmente! Ya no podemos comer de sus frutos, ni trepar a sus ramas, ¡pues es solo chamizas! Lo único que le queda con vida a este árbol, es este extraño musgo, que se mantiene y se sostiene y no ha muerto. Pero este árbol... ¡es solo chamizas!

Aterrado, el musgo preguntó:

—¿Qué pasa, mi árbol?... a alguien le escuché decir, que eres ¡sólo chamizas!

Y el árbol, dijo:

—¡Falso!, no soy sólo chamizas... ¡Jamás habían estado más frondosas y más bellas mis ramas! Sólo es que tú no puedes ver. ¡No tienes derecho a contemplar mi belleza, que jamás había sido tan plena!

El musgo eligió desprenderse un poco para poder mirar, y se dio cuenta, que estaba aferrado ¡sólo a chamizas! Era verdad lo que el niño decía, no sabía el musgo desde cuánto tiempo había estado adorando a un árbol, ¡que era sólo una chamiza!

Entonces, le dijo al árbol:

—¿Por qué me has mentido, si eres sólo chamizas?

Y las chamizas le respondieron:

—Porque si decía algo distinto, te soltabas y te

ibas a buscar un árbol más frondoso.

Entonces el musgo eligió soltarse... ¡definitivamente soltarse! ¡aunque muriera definitivamente! Y cuando se soltó totalmente, cayó a la tierra, y como un bello milagro, brotó el más bello y frondoso árbol... pues ¡jamás! ¡jamás había sido sólo musgo! sino que todo su tronco, sus ramas, frutos y su belleza... habían sido ¡por su propia elección!, reducidos sólo a un musgo, que se aferraba a una chamiza, que se decía ser un bello árbol... Se decía entre mentiras e ilusiones y falsas imágenes. Se decía bañado de sol y luna. Pero jamás había contemplado sol ni luna.

Cuando el verdadero árbol contempló todo esto, vio que el sol que estaba sobre las chamizas, se quebraba en pedacitos, pues era un sol de cristal construido por la imaginación. Y la luna se derretía y caía en gotas, pues era una luna de hielo, construida por la imaginación. No habían existido tales riquezas.

Sin embargo, siempre hubo quien eligiese sentirse sólo un musgo, olvidándose de su propia grandeza, para aferrarse a quien ¡siendo chamizas!, le obligaba a honrarle, como un árbol. ◆

No te cuestiones el valor de lo que observas como 'árbol', pues podría ser el más perfecto. Mas, jamás un alma es enviada para que se aferre como un parásito, cada alma tiene su propia misión. No desconozcas la tuya, por aferrarte como un parásito, para pedirle al Dios de los cielos:

¡Que te permita brillar con la luz de otro!

¡Que te permita respirar con el aire de otro!

¡Que te permita existir con la existencia de otro!

Muy equivocado estarías.

Recuerda que tienes tu propio aire, tu propia luz, tu propia existencia, ¡y tienes tu propia misión!

Que sea descubierta tu propia identidad.

Que sea descubierta tu propia luz.

Que sea descubierta tu propia riqueza.

Que el amor físico no te confunda.

Y que el amor físico no sea más grande que tu alma y el amor por tu misión. Misión que has pactado con tu Padre, antes de venir a esta encarnación.

Respeta tu alma... respétala hasta mostrarla como es.

Respétala, ámala y permítele que brille con su propia luz.

Respétala... hasta liberarla del miedo de expresar y sentir y vivir.

Respétala... hasta permitirle que en esta

encarnación... ¡cumpla su misión!

Que el amor físico que bendigo y respeto, que los momentos de dicha, con quienes eliges como compañía en tu camino, no los confundas con la más perfecta y gran relación... que es la relación con tu Padre celestial.

No calles tu alma para ponerle a hablar un idioma que no es el suyo. No renuncies a quien eres, por vestirte de camaleón. Tres palabras acompañan tu alma: ¡AMOR, LIBERTAD, Y ETERNIDAD!

Pues el alma sólo amor posee, y el alma no tiene cadenas sino alas, y este amor y libertad son eternas, como eterno es el Padre de quien ha brotado el alma.

Recuerda... ¿Quién eres tú? ¿Cuál es tu nombre? ¿Qué siente tu alma? ¿Qué busca? ¿Cuál es tu meta?

Y responde con tu propia voz.

Combatiendo
la guerra con guerra

lguna vez, un hombre fue enviado a la tierra... y al llegar contempló que la tierra ¡era un desierto gigante! Y eran las guerras y la injusticia... aquellas que habían hecho de la tierra, un desierto gigante. Entonces el hombre se sentó y desde su intelecto dijo:

—He de pensar mejores guerras, he de diseñar y cranear más fuertes guerras, he de encontrar mejores armas, y he de gritar más duro... para hacer que este desierto gigante, se vuelva un bello y rico valle.

Empezó el hombre a llenar sus papeles... sumaba, restaba, dividía, y multiplicaba, diseñando la buena guerra. Y fue así como con guerra, quiso sembrar la paz... mas, simplemente hubo más y más guerra. Y la guerra arrancaba desolación, mas la principal desolación, era en el corazón de este buen hombre.

¡No sabía que hacer! ¡Había estructurado buenos

soldados! ¡Tenía buenas estrategias! Se había volcado con inteligencia a hacer una buena guerra en busca de la paz, y no entendía, porque no llegaba... no llegaba la paz.

Hasta que un día cayó, cansado y enfermo de su propia guerra, buscando... ¡no sé que paz! Pues no ha de conocerse en los cielos, ¡ninguna guerra que siembre la paz!

Preguntó él a los cielos, ¿cómo habría de convertir ese desierto en un campo, en un valle rico. ¿Cuál era la forma de combatir el desierto?

Y desde los cielos, su Maestro le dijo:

—Encuéntrame en tu corazón. Aquieta tu enojo. No odies el odio. No guerrees con la guerra. No grites a los gritos. No golpees los golpes. No te armes frente a las armas. No combatas el combate. Y no derrames sangre a la sangre... Aquiétate simplemente mi bien amado, ¡y escucha tu voz interior!

Este hombre se quedó quietico... escuchando... escuchando, en silencio y en paz. Y de pronto, de pronto en el silencio escuchó un canto de pájaros. Y el hombre se preguntó:

—¿Cómo pueden cantar los pájaros en el desierto?

Y abrió sus ojos calladito, y se dio cuenta que ¡eran inmensos, y maravillosos, y de colores, los pájaros que adornaban el cielo!. Cielo que estaba justo debajo de su inteligente mente... Inteligente mente que había visto «todo», menos los pajaritos que le cubrían, ¡llenos de colores!

Siguió entonces escuchando y observando en silencio, ¡y de pronto!, escuchó el ruido del agua, y se preguntó el hombre:

—¿Cómo puede? ¿Cómo puede haber agua en medio del desierto? Mas cuando volteó a mirar, encontró bellas cascadas y ríos y mares. Y maravillado, y maravillado, se preguntó:

—¿Cómo este intelecto, no había observado tanta agua?

Y siguió calladito y calladito, y empezó a moverse muy despacio, y de pronto sintió que debajo de sus pies no había arena seca, había un suavecito césped, que le acariciaba con rocío y que le servía de bella alfombra en su andar. Miró hacia abajo y pudo ver el verde césped y dijo:

—¡Cómo no me había dado cuenta mientras diseñaba la guerra, que si había césped debajo de mis pies!

Y empezó a caminar sabiamente hacia la luz, y cada paso que daba hacía florecer la tierra. Y flores de colores también le acompañaban, como alfombras en su caminar... Pues nunca había sido, tan desierto como él le había visto, simplemente era un momento, antes de su despertar al servicio del mundo... ¡y al camino a la luz! ◆

Epílogo

El bello y especialísimo Mensaje que has recibido en las páginas de este libro, ha de manifestarse en acciones. Has de sentir el privilegio del Mensaje y llevarlo a tu vida. Y has de iluminar la oscuridad de otros.

Entiende la diferencia entre escuchar el Mensaje y vivir en el Mensaje.

Quien escucha el Mensaje, al escucharlo enciende una velita, la toma en su mano y empieza a caminar con ella.

Pero la velita empieza a debilitarse y a derramar su cera caliente sobre las manos, a quemar y a fastidiarlas.

Entonces pasas la vela de una mano a la otra. Y a veces eliges apagarla para que no te queme.

Otras veces... la tiras a otro, porque no quieres que te queme.

Otras, recibes caliente la cera y el dolor de la quemadura no te deja apreciar la luz de la vela.

Eso es escuchar con atención el Mensaje...

Pero vivir en el Mensaje, mis bienamados, no es prender la vela, sino volverse ustedes una antorcha de luz, y brillar cada uno sin tener que cargar velitas.

Han de encenderse como fuego y como antorcha y llevar la luz al mundo.

Ese es el privilegio de poder decidir vivir en el Mensaje.

Y ese privilegio, han de vivirlo con humildad y con desapego.

Pues no son las palabras las que significan SABIDURÍA. ◆

Indice